U0137795

汉字文化思想传承丛书

汉字中的
"和道"文化思想

臧克和◎著

华东师范大学出版社

·上海·

图书在版编目（CIP）数据

汉字中的"和道"文化思想 / 臧克和著 . -- 上海：华东师范大学出版社，2024. -- (汉字文化思想传承丛书).
ISBN 978-7-5760-5180-3
Ⅰ . H12
中国国家版本馆 CIP 数据核字第 2024XT7808 号

汉字文化思想传承丛书

汉字中的"和道"文化思想

著　　者　臧克和
策划编辑　王　焰
责任编辑　朱华华
特约审读　李　鑫
责任校对　刘伟敏
装帧设计　卢晓红

出版发行　华东师范大学出版社
社　　址　上海市中山北路 3663 号　邮编　200062
网　　址　www.ecnupress.com.cn
电　　话　021-60821666　行政传真　021-62572105
客服电话　021-62865537　门市（邮购）电话　021-62869887
地　　址　上海市中山北路 3663 号华东师范大学校内先锋路口
网　　店　http://hdsdcbs.tmall.com

印 刷 者　上海中华商务联合印刷有限公司
开　　本　889 毫米 ×1194 毫米　1/32
印　　张　6
字　　数　124 千字
版　　次　2024 年 9 月第 1 版
印　　次　2024 年 9 月第 1 次
书　　号　ISBN 978-7-5760-5180-3
定　　价　79.80 元

出 版 人　王　焰

一、汉字认知结构：深层与表层

汉字认知结构有表层与深层之分。不妨先以观察"斋"字结构演变链条为例：

金文

战国楚简

秦诅楚文

西汉居延新简

东汉肥致碑

东汉淮源庙碑

北魏元恪嫔墓志

唐李璡墓志

从周代金文到汉代简牍石刻文字，反映了较长时期内存在的一种观念，即祭典过程中讲究身心虔敬，祭献品整洁；作为体现形式的"斋"字作形声结构：从示，齐省声，齐兼表义，"齐"即整齐，类比古人祭祀或举行典礼前整洁身心，以示虔敬。同一时期，"齐"的观念，还涉及祭献品的规定，可以参

考战国楚简的相关记录。① 古人在祭祀或举行其他典礼前清心
寡欲，净身洁食，以示庄敬其事。这种观念，诉诸文字体现
出来的，属于形式的，即表层的结构，相对应的观念形态单
位，则属于深层结构。深层结构的演变发展，又往往引起表
层结构的调整。即如"斋"例，到一定阶段又发展出"心
斋"，即去除杂念，使心神纯一的观念。讲究平时不饮酒、不
茹荤等庄敬戒持，甚至特定时间内干脆不吃东西，即"吃斋"
"吃素"等规定。佛学东渐传播，佛制比丘过午不食，因以午
前、午中之食为斋，按小乘戒律，只禁过午食，而不禁食净
肉，后人据大乘别意，以素食为斋。于是，我们从字符系列
中看到，唐代刻石又将"斋"改造为由"米"符合成的结构；
字符集里还贮存了𥻗、𩚚这样的结构，表征的同样是某些特
定时间里，对饮食的约束或干脆禁食。观念形态的深层结构
变化了，文字表层结构往往也会进行相应调整。

　　数千年来，汉字创造使用的历史没有中断，这在世界各
类文字体系中是独一无二的。在很大程度上，这取决于汉字
认知结构的深层与表层关系。汉字体系作为文化思想资源，
历史悠久，层次丰富，领域广泛。其他各类文化价值体系核
心范畴，鲜有如此深厚、纯粹、鲜明者。

　　专业工作者调查研究表明，汉字结构方式，体现着中国

---

① 上海博物馆藏《战国楚竹书》第一册《孔子诗论》，第九简有"巽寡
　　悳古"，可解释为"具食精洁、合乎古礼"。（臧克和：《简帛与学术》，
　　郑州：大象出版社，2010 年，第 81—82 页）《说文》："斋，戒，洁
　　也。从示，齐省声。"《玉篇》："斋，《周易》曰：圣人以此斋戒。韩
　　康伯曰：洗心曰斋，防患曰戒。又敬也。"

古代人的类比认知模式；类比认知观念意识，即汉字构造的深层结构。基于上述观点，借助汉字结构演变发展链条，可以到达汉字认知的深层结构。通过对汉字深层结构的挖掘，寻绎恢复汉字观念发展史的线索，从而传承民族文化精神特质的价值观念。较之古籍文献整理的基础工作，这类汉字深层结构关联的构建，相当于培育汉字文化内在精神传承的新型载体。

二、汉字学术传统：义理与考据

中国学术层级，分为义理、辞章、考据，以汉字文化思想为核心而形成了一个辉煌的学术传统：义理考据，融会贯通。这个会通，就是经由文字音韵训诂的考据而实现的。汉学传承发展到朴学，戴东原、段玉裁、王念孙、王引之、钱大昕等一代学术大师们明诏大号：义理存在于训诂。训诂方式，实际上就是考据；训诂主体，也就是文字音韵。①

---

① 声音统摄各类形体联系，结构形体生成相同音节的区别。字→词→道，意→词→字，是清代考据学家兼哲学家的戴震对文字考据与义理观念的关系归结：作为整体的道原认知，与作为部分的训诂解释，考据线路是互为补充，往复循环的。见臧克和：《中国文字与儒学思想》，南宁：广西教育出版社，1996 年，第 221 页。需要指出的是，钱锺书先生（钱锺书：《管锥编》第一册，北京：中华书局，1979 年，第 172 页）针对朴学解诂技术线路，将其作为"阐释循环原理"而阐释为："积小以明大，而又举大以贯小；推末以至本，而又探本以穷末；交互往复，庶几乎义解圆足而免于偏枯。"参见臧克和：《〈管锥编〉训诂思想初探》，《华东师范大学学报（哲学社会科学版）》，1989 年第 3 期。

传统上,汉字属于礼、乐、射、御、书、数,即"六艺"之一,排列第五。古代有"游于艺"的治学经验,故文字的书写运用,又有"第五游"之称。① 中国学术史具有"以字证史"的习惯。汉字使用区域"汉字文化圈"的若干学科,也往往把汉字体系作为构建中国上古三代以来的认知结构和观念系统的根基。② 汉字结构体系,即认知观念之辙迹。

三、汉字文化思想:载体与资源

汉字结构与汉字书写体系,具有负载文化、传承文化的属性。汉字文化,构成上述观念形态的"深层结构"。学术史上,具有"假字解经""以字证史"的悠久传统。文字学,从来就是中国传统人文学术的根基。

汉代许慎《说文解字》贮存上万古汉字结构单位,百科全书式地直接呈现了先民对于自然与人本的"心性之结习成见"。通过体察认识,分类型、分层级,系统地演绎了最为丰富的汉字认知模式。

汉字考证索解的历程表明,经由古汉字结构的内在联系,可以发掘提取民族固有的、纯粹鲜明的观念思想范畴,可以采集知识,辨析源流,重构发展形成的历程。例如:"和"字

---

① 韩国汉字研究所现存古代字书,仍有《第五游》一种。
② 钱锺书先生在《管锥编》里谈到治学心得所在:"一代于心性之结习成见,风气扇被,当时义理之书熟而相忘、忽而不著者,往往流露于文词语言。"披露大家手眼,辞章义理考据治学会心处。

类认知结构所体现的"和谐"观念史，"仁"字类认知结构存储的仁爱人本意识，"德"字类认知结构传递出的原初道德律令，"礼仪"字类认知结构积累的人生礼仪态度，"时令"字类认知结构中积淀的时间观念发展史，等等。正是从这个意义上，可以不夸张地说，对于汉字文化知识成体系的挖掘，构成了中国认知结构的文化思想资源库。

四、汉字智慧传承：知识与智能

汉字的文化属性，体现在认知结构方面。汉字的认知结构，体现为中国古代社会丰富的类比认知模式。汉字表征的中华认知结构，以形表意，以类相成，首先体现为汉字体系的分类——根据文字所表征的事物外延范围，分为系列意识观念结构类别，每个类别也就是"取类"——所取为类属，而不复是具体的形态单位。

汉字考证索解的历程表明，经由古汉字结构的内在联系，可以发掘提取民族固有的纯粹鲜明的意识观念范畴，可以溯源明流，观测动态，从汉字体系发展过程中采集知识，从而构成中华认知结构文化资源库。

如果说语言（人类的认知方式与认知结果）建构了世界，那么文字就固定了世界（人天关系、人物关系、人人关系）。文字标记，为世界万物赋形，使得万物可以存储、分类、提取，进而可以互联互通，可以让人格物、致知。世界变得"场景化"，从而得以确定，可以为人所把握。21 世纪以来，人类社会完成了第二次系统编码，即对于文字体系本身的数字化处理，使得世界进入数字化、智能化时代。

会意与意会生产知识。汉字结构认知，无论是独体还是合体结构，都需要经过专业工作者大脑的意会加工过程。合体复合结构的汉字，也就是古人所说的"形声"和"会意"。"会意"的实质就是"意会"，要从参加会合的几个字符中整理出一个构字意义，说得简单些，就是靠解读者的"意会"。"形声"类作为结构主体的认知过程，实际上也离不开"意会"参与的加工。在人类认识发生发展史上，意会知识是一切知识的基础和源泉。波兰尼认为："意会知识比言传知识更基本。我们能够知道的比我们能说出来的东西多，而不依靠不能言传的了解，我们就什么也说不出来。"这就是说，意会知识在时间上先于逻辑的、言传的知识，没有意会便无法产生和领悟言传知识。造字离不开意会，人们解读字形字义也必须有意会能力的参与。基于此，人工智能只能遵循有标注的程序，从而生产"内容"，但无法产出"知识"。知识，有待于挖掘；机器学习，则遵循逻辑，有待于标注。从这个意义来说，机器学习无法取代汉字知识挖掘、采集与传承。①

五、汉字知识挖掘，学科传承

人文科学普遍具有跨学科性质。20 世纪八九十年代，华

---

① 李景源：《史前认识研究》，长沙：湖南教育出版社，1989 年，第 78—79 页。

东师范大学出现过一个被称为"文化文字学"的汉字学派。①
岁月流逝，这个学派留下的有关中国文字学蕴涵礼俗史、艺
术史、观念思想史的系列考索著述，在海内外相关专业领域，
存在着广泛而深远的影响。本世纪在诸如"说文学"研究综
录一类文献目录学里，以及互联网搜索引擎上面，仍然可以
发现大量相关信息。

　　二十多年来，华东师范大学"汉语文字学"一直是上海
市政府重点建设学科。作为面向世界的中国文字学科平台体
系，"华东师范大学中国文字研究与应用中心"在 2000 年通
过教育部专家组评审，列入教育部人文社会科学重点研究基
地。本丛书就是依托该基地组织和连续性深入挖掘历史汉字
文化知识系统的课题成果。基地还面向全球编辑发行《中国
文字研究》、《中国文字》(*Journal of Chinese Writing Systems*)
等，并与韩国汉字研究所、以色列希伯来大学考古研究所、
日本京都立命馆大学东洋文字文化研究所、德国波恩大学汉

---

① 李玲璞、臧克和、刘志基：《古汉字与中国文化源》，贵阳：贵州人民出
　　版社，1997 年；臧克和：《汉语文字与审美心理》，上海：学林出版社，
　　1990 年；臧克和：《说文解字的文化说解》，武汉：湖北人民出版社，
　　1994 年；臧克和：《中国文字与儒学思想》，南宁：广西教育出版社，
　　1996 年；臧克和：《汉字单位观念史考述》，上海：学林出版社，1998
　　年；臧克和：《尚书文字校诂》，上海：上海教育出版社，1999 年；臧克
　　和主编：《汉字研究新视野丛书》(11 种)，南宁：广西教育出版社，
　　1996—2000 年；刘志基：《汉字与古代人生风俗》，上海：华东师范大学
　　出版社，1995 年；刘志基：《汉字文化综论》，南宁：广西教育出版社，
　　1996 年；刘志基：《汉字体态论》，南宁：广西教育出版社，1999 年；
　　刘志基主编：《文字中国丛书》(5 种)，郑州：大象出版社，2006 年。

学系等高等研究机构开展了专题项目的长期深度合作。相关学科群自主研发通用的完整"古文字字符集",最早建成"新文科"业态的智能化中国文字数据库等。这些课题所涵盖的系列项目的开展,推进了汉字知识的挖掘与专业数据集加工,为今后人工智能的机器学习赋予东方文化数据驱动,实现人机融合优化发展。

六、汉字培根铸魂,通识性质

华东师范大学从学科建设实际出发,整合上述学科资源,尝试将通识类课程落到脚踏实地的文字学基础之上,让不同学科专业背景的读者能充分领会新时代国家治理的伟大实践中所提炼的文化思想、核心价值观,根植于深厚的优秀传统文化土壤,具有坚实的学理基础,从而恢复或构建固有的认知联系渠道,将培根铸魂的目标落到实处。为此,学校党委组织相关团队,在学科交叉的基础上调查研究,挖掘知识,撰写《汉字文化思想传承丛书》,希望为不同专业背景的读者提供相对通识性的读本;同时也为"汉字文化圈"乃至世界范围内的广大读者认知中国优秀的文化传统,激活汉字"认知原型"记忆,提供新视角、新方法、新资料。

本丛书是开放性的,我们将根据读者的需要,不断发展,推出各类专题系列。期待社会各界都来关心支持、共同发展这个系列,作好这篇"培根铸魂"、真正建立文化思想自信的大文章。

七、体 例 与 说 明

设计理念。在新的出土材料不断发现、不同类型的信息日趋丰富的"大数据"背景下，该系列的开展，旨在通过文字释读，挖掘客观可信的知识。根据意义存在于结构的原则，该系列所调查分析的字形结构是"成部类聚"的排比，注意观察同一字符不同形体的历史"动态演变"过程，努力挖掘某一单位的观念发展史。整合各类文字数据平台，尽量使抽象的观念意识转换为直观的具象。行文过程中，充分考虑不同专业背景读者及使用者的需求。

双层结构及其源流。各字类根据分析印证需要，将甲骨文、金文、战国简文帛书、古玺印文、古陶文、古币文、秦汉简文帛书、石刻篆文、《说文解字》（包含"新附"部分）、汉至隋唐五代石刻文字、《干禄字书》《五经文字》《九经字样》等字样文献，依次排比出各个时期具有代表性的实际使用的原形字，以客观真实地呈现汉字结构的源流发展历史，注重呈现字体的发展与其中体现的认知结构观念演进的历程，实现不同学科领域的有机关联。

复线结构及其分析。文本呈双线复合结构。从各个时期文字记录的实际出发，准确分析各种类型字形结构之间的变化及其原因，实现与传世古书记载相互印证。重建某些已经潜隐、中断或失落的形义联系线索。对于只有隶变楷书的形体所作的结构分析，只是提供一种理解上的参考提示。结构分析突出汉字的时代性因素，即结构变异类型、演变过渡类型、新增字形类型、书体转换类型以及字形定型等字形结构之间的基本时间层次，进而为认知结构的发展史描述、文字使用断代提供参照坐标。汉字的意义及联系存在于一定结构及结构的使用过程当中。以字形联系意义、区别意义，即字形使用所产生的基本义项以及基本义项间的逻辑发展线索，都需要置于结构及结构使用过程中予以考察。字义说明强调结构整体性的原则，即认知结构意义是基于结构关系的整体性规定。同时，研究中也贯彻不脱离实际使用"语境"规定的原则，注意恢复业已中断的某些特殊义项的语境联系，以将字义系统的描述置于规定明确、对照统一的释义结构当中，处理好数据链（培养根基）与意识链（凝练精神）双线文本复合结构关系。

参考文献及其标注。为了保证文献的准确可靠，字形图像均采自出土文字和传世字书数据集，即"中国文字智能化数据库"。其中正文反映字形源流的各种古文字材料出处，随文标注简称形式，起到揭示文献记录年代和载体性质的作用。全书正文之后，列具"参考文献"。脚注内容，包含两个部分：一是对正文确有补充需要，二是给出文献出处等相关信息。

丛书所涉及的各类出土古文字数据，一般采自华东师范大学中国文字研究与应用中心开发的"中国文字智能化数据库"。出于篇幅考虑，以及满足不同专业背景不同层次使用者的需要，行文过程中的文字数据均作简略处理。将来读者可以通过生成式智能工具进入可视化文化场景，对于这类功能，丛书会在今后的发展中不断进行完善。

《汉字文化思想传承丛书》编委会

2023 年 7 月 14 日

目录

第一章

"禾" 类联系 / 1

第一节 "禾"类属性 / 3

　　一、禾：得名及由来 / 3

　　二、禾：农事及生机 / 4

　　三、禾类大家族 / 5

　　四、禾：关于生长周期的概念 / 6

第二节 禾的分类联系 / 9

　　一、盉 / 9

　　二、穌 / 10

　　三、和 / 10

第二章

"盉" 类饮食调和字 / 13

第一节 "盉"作为调和器 / 15

　　一、盉之"体" / 15

　　二、盉之"用" / 16

第二节 "味"之和 / 18

　　一、和羹 / 18

　　二、生熟得节 / 20

　　三、舌尖上的中国 / 21

第三节 "味"字调和作用——作为审美价值判断 / 23

　　一、"美"字认知深层结构 / 23

　　二、羊·六畜·给膳 / 25

第四节 "五味"——协调心理情感 / 28

　　一、口腹生理滋味——跨类：两性体验 / 29

　　二、肉食口感滋味——跨类：音乐听觉欣赏 / 30

第五节 "宜"字结构——类比抽象价值观念 / 31

　　一、宜与俎，有体有用 / 31

　　二、"宜"字与饮食生育 / 34

　　三、宜与谊 / 34

　　四、"美貌多宜"

　　　　——"宜"是如何与美趣价值判断发生联系的 / 35

第六节 "甚"字违和 / 36

　　一、"甘"与味觉 / 36

　　二、"甚"字组合 / 37

第七节 燮和、烹鲜与治国 / 40

　　一、燮及燮和 / 40

　　二、治大国与烹小鲜 / 41

第三章
盉类字与传统医疗 / 43

第一节 饮食与治疗 / 45

一、药膳 / 45

二、养生 / 46

三、味觉与医药 / 46

第二节　景物赏心与疾病治疗 / 48

一、樂与瘰 / 48

二、风物之美，可以疗饥 / 48

第三节　醫酒关系 / 49

一、醫字结构演变及背后的观念 / 49

二、酒与医药——药引中介 / 50

三、配及配比——适配比例 / 50

四、醉——调节分寸 / 51

第四节　巫医同构 / 53

一、巫与毉 / 53

二、祝由与药方 / 53

第四章
"龢" 类音乐和谐字 / 57

第一节　"龢"字体用 / 59

一、商周金文"龢"字 / 59

二、"龢"之体用 / 60

第二节　"龢"的分类 / 61

一、吹奏部——龢与吹奏管乐 / 61

二、聲与磬、鼓——打击部 / 65

三、音与音乐结构 / 68

第三节　"龢"：感官相通 / 74

一、音乐赋予形状 / 75

　　　　二、神人以和 ／ 76

第四节　人与自然："龢"能格物 ／ 76

　　　　一、凤凰来仪 ／ 77

　　　　二、音乐调和 ／ 78

第五章

"和道"　艺术观 ／ 83

第一节　"和道"与服色 ／ 85

　　　　一、糸类作为色彩载体 ／ 85

　　　　二、心理物理，异质同构 ／ 91

第二节　"和道"与文章 ／ 92

　　　　一、人文：形式与内容之间的协调 ／ 92

　　　　二、"和道"：在文、言、心符之间 ／ 93

第三节　"和道"与诗歌 ／ 94

　　　　一、缶：关于地方节奏协调的乐器 ／ 94

　　　　二、假象过大 ／ 103

　　　　三、偏枯不称 ／ 110

　　　　四、韵的调和 ／ 111

第四节　"和道"：异质调济 ／ 112

　　　　一、性格组合：一组矛盾结构之间的调和 ／ 112

　　　　二、人与自然：虚实之间协调 ／ 114

第五节　人与自然：要素的组合及和谐的张力 ／ 115

　　　　一、山水之和：实写虚写的调济 ／ 115

　　　　二、动静相济，调和效果 ／ 119

　　　　三、场面架构，冷热穿插 ／ 119

　　　　四、意境构成的协调 ／ 122

　　　　五、神话传说调节史 ／ 127

第六章
"和" 的哲学观念 / 139

第一节　"德称其服" / 141

一、"德" 具调和功用 / 141

二、象服・修身 / 144

三、德称其服 / 147

四、丽而不奇 / 148

第二节　"和" 而不同 / 150

第三节　《乐书》与"和"生万物 / 153

一、乐象：声为乐象 / 154

二、和乐及其生成 / 155

三、合生气之和 / 156

四、乐淫特点：哀而不庄，乐而不安 / 156

五、"齐乐" 的功用及其结构形式 / 157

六、以"和乐"为标准，各地音乐特点 / 157

七、声歌，风雅颂、四时及朝代：相宜而和，万物生育 / 158

第四节　"和道" 机制下的语言结构类型 / 159

一、设有 AB 两项相对，则语言结构有"A 而不 B"式 / 159

二、设有 AB 两项并列或对立，则语言结构有"不 A 不 B"
式 / 161

小结：汉字"和道" 语义的深层结构 / 163

参考文献 / 166

汉字中的"和道"文化思想

第一章

"禾"类联系

农业文明的发展水平，体现在"禾"类字的认知结构，以及联系的广泛程度上。禾类认知结构，体现着稼禾适合的生长周期，以及相应的物理属性。梳理这些复杂而广泛的联系，有助于我们理解盉、和、龢这些分化字的语源关联。

第一节 "禾"类属性

一、禾：得名及由来

和，是由作为声符的"禾"与作为形符的"口"两部分合成，《说文解字·禾部》曰："禾，嘉谷也。二月始生，八月而孰，得时之中，故谓之禾。禾，木也。木王而生，金王而死。从木，从巫省，巫、象其穗。"[①]

汉代文字学家许慎在这里的意会分析，将原本象形的独体结构，离散为两个部分，明显受汉代五行学说的影响。历

---

① 谷，"五谷"之谷的简化字，与"山谷"字存在同形字关系。本书以下行文，取"《说文》"简称。采自华东师范大学中国文字研究与应用中心"中国文字智能检索网络数据库"，https://wjwx.ecnu.edu.cn/. 下出各字出土文献字汇韵书记录，均来源于此，不重注。

代专业学者对此的认识，存在一些出入。① 事实证明，禾符作为独体结构，已经无法从中再分析出"背景因素"。人们认知生产知识的过程中，也依然离不开"意会"的参与。禾形整体象形，分解出所谓"木"，即树木来，跟剥离出头部的"谷穗"部分同样令人费解，也不符合象形结构的整体性原则。现代有些古文字学者，联系甲骨文、金文所对应的物象，理解为像成熟的谷子。自然，这里的"嘉谷"，代表的是"稼禾"类，而且还是一个类。先秦文献就直接以"禾"记录劳动者的年终收成，同时还用来指称相关农事劳作。② 语言文字学者就形成了如下关于"禾"类的认知关联：嘉惠于人的谷物，二月开始发芽，八月成熟，属于得了四季中和之气。③

二、禾：农事及生机

上述有两点信息值得人们注意：一是认为"禾"是"嘉谷"的总称；二是揭示"禾"的得名来源。第一是说"禾"作为谷物总名，传递了"禾"与农业文明密切关联的信息，不能简单将"禾"当作植物的某一种看待。第二是揭示"禾"的生长周期特性，即"二月始生，八月而孰，得时之中，故

---

① 宋代文字学家徐铉认为，"得之中和"应该作"得时之中"，原本有"从木省，巛、象其穗"。这里所引《说文》为宋代徐铉本，其中保存了宋代学者部分观念。清代段玉裁认为，嘉、禾叠韵，禾、和叠韵，艸、木古书皆可以称之为"禾"。所谓"木"形顶端部分，引王念孙所说，用来指示禾穗部分。

② 《诗经·魏风·伐檀》记录有"不稼不穑，胡取禾三百廛兮"。

③ 二月、八月，都是指农历月份。胡安顺主编：《说文部首段注疏义》（第七卷），北京：中华书局，2018 年，第 370—371 页。古文字学界黄天树、董莲池等关于甲骨文金文字形说法，皆见于此。

谓之禾"。二月处于春季之中间，即仲春，八月处于秋季之中间，即仲秋。再看以"禾"作为形符构成的"年"字，表征农事安排周期，指的是从春季播种开始，到秋季收获结束。"禾"字所涉周期，正好是一个年度的中间一半。日常生活中，人们说的"几度春秋"，表明"春秋"径可代表一个年份的时间长度。像这样稼禾从生产到收获的安排，开始反映的可能是黄河流域的农事活动在季节历法上的特点。① 汉语史上，除了上面提到的"年"，还有"季""程""秒"等字作为记录周期性空间时间的长度单位，都是来源于先民对于稼禾生长成熟周期性观察认知的成果。一个"禾"符记录的词义系统，蓄积了勃勃生机的生命意蕴。由此构成的"和"类认知结构，鲜明地体现着无所不在的深层生命法则。

三、禾类大家族

禾字及由禾符构成的汉字，自古就是一个庞大的家族谱系。甲骨文、商周金文记录殷商时代及商周时代使用的"禾"字，都已经是大的部类。历代字汇，"禾部"即属于稼禾一类名物及相关事物的字符集合，相对而言都是大类。《说文·禾部》包括宋代文字学学者新增加的部分，专书数据库检索可

---

① 禾的名称来源，从整个部类的联系来看，应该有取于当初农业文明需要特别追求的"和道"意识形成的认知理解。商周时代，稼禾的丰歉，除了要看不违农时的"中和"，不同生长阶段的状态、物色味道协调，包括计量单位、其他相关物象参照在内的各个种类属性的相应相和外，还有很大程度上取决于黄河流域的干旱灌溉或洪涝排泄的调适合宜，这个细分指标，就跟汉语成语"风调雨顺"等结构表达的价值取向相当。

得 89 条记录，可见古代农业社会与收成饮食等关系最为密切的稼禾类，蔚为大观：

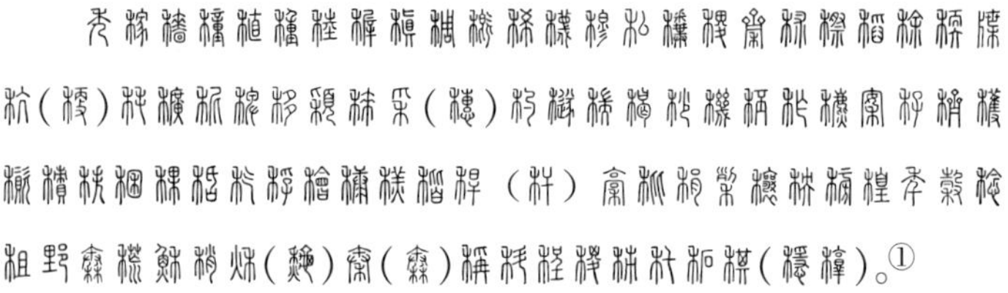
①

另外，还有“禾”符在细分二级组合层面上的《秝部》《黍部》《香部》：

字集广泛涉及禾的生长阶段周期，不同阶段状态、各个部位的特点；禾的种类，不同种类的物理属性、生长周期、计量单位等。反映出禾类字结构，体现着调适时间周期的“中和”观念，还与物象、物色、物理等方面调配相应。

四、禾：关于生长周期的概念

上面所列部类中有的字，像“秋”字结构，《说文·禾部》说解是与“谷熟”相应合：“禾谷孰也。从禾，𪏰省声。”现代人认为，这一植物结构既与季节性虫类动物的生命周期相适应，也与物色相协调：古文字象蟋蟀之形，秋至而蟋蟀鸣，这种物候相应协调庄稼成熟。② 战国简帛或从禾从火，或

① （ ）中的小篆，为宋代本部所增加字符部分。
② 在古人观念中，“虫”类的外延很广。例如，《庄子·逍遥游》指飞禽，到了《水浒传》也指老虎，等等。

从禾从日。① 秋天禾谷成熟金黄似烧灼，因此另加形符 "火"。正是很早就存在这样的认知结构，体现了人们长时间观察积累的观念，也便固定为四季之一的 "秋收" 季节。

稼禾生产周期性观察，自然可以发展出重量权衡乃至时间单位。《说文·禾部》关于禾与单位关系，只要看在 "称" 字下的分析表述即明：铨也。从禾再声。春分而禾生。日夏至，暑景可度。禾有秒，秋分而秒定。律数：十二秒而当一分，十分而寸。其以为重：十二粟为一分，十二分为一铢。故诸程品皆从禾。"程品" 组成了一个合成词，所指为程式，即后世所称法式、规范。一般说来，时间抽象，需要借助空间关系加以体示。有些单位后来还被广泛运用到物理的空间距离、时间单位量度上面。② 这些数据表明，相关 "和" 类字构造，存在着广泛悠远的深层结构——观念基础。

下面，我们通过观察 "禾" 与 "年" 的古文字形结构，

---

① 战国长沙子弹库战国楚帛书甲篇关于 "岁" 及四时的产生，记录 "秋" 形从禾从日符；郭店楚简《六德》第 25 号 "春秋" 字结构中，秋字形已添加火符；《语丛一》第 40 号 "春秋所以会古含（今）之" 字结构同，可以分析其结构为从日秋声；包山楚简《卜筮祭祷记录》第 214 号 "至秋三月，赛祷邵王，哉牛"，所用 "秋" 字作从日从禾的 𥤚 形，无一不是证明 "秋" 字已经固定为季节时间长度单位。时间的认知结构，一般与空间的 "日" 符相配合。

② 宋本《玉篇·禾部》，就发展到 214 字。这方面数据记录，还应该提到，按《说文》存储方式，未归类到 "禾部" 的 "禾类" 相关结构的尚有 "季"（《子部》）、"委"（《女部》）等。季，《说文·子部》分析为从稚省声结构，不一定可信，也许就是观察了禾苗生长的某一特定阶段，由禾符、子符合成结构，以 "子" 之幼小，类比禾形一定生长时间的幼苗体态特点。

直观地对应稼禾物象特点。

禾，象禾谷根茎叶片而突出成熟垂穗形态：

甲骨文

金文

年，甲骨文在禾符基础上，以人为声符，一般认为象人体顶负稼禾，构成年成收获周期性表征①：

甲骨文

金文②

---

① 这类结构认知表明，即使合体的形声结构，也有"意会"参与。汉字所有结构类型的认知，都有"意会"参与，从而产生"知识"。

② 楷书"年"字，《说文·禾部》小篆记录为形声结构，从禾千声。金文或从人声，或从"千"声，而以"人"声结构为主，文中所列具，取人声结构。战国楚简则多从"千"得声，后出石刻篆文已经皆从"千"得声，千亦从人得声。古音人、千同属真部，例如《诗经·柏舟》云："母也天只，不谅人只"，其中天、人协韵。楷书作"年"，属于隶变的结果，东汉石刻字形，完整体现出由"秊"到"年"的隶变省减调整过程。

同类结构，还有"委""季"等字，其主体同样是禾符，其下部也是由人符系列当中的"女"符合成。[①]

第二节 禾的分类联系

上节相关"禾"符字形结构及分析，或许有助于我们理解历代学者关于"禾"农事语源意义的联系。[②] 以"禾"为声符分化的形声结构系列，共同特点是大都具有"调和相应"之义。例如：

一、盉

《说文·皿部》曰："调味也，从皿禾声。"体制为青铜酒器之一，盉形器大腹敛口，前有长流，后有鋬，顶有盖，下多为三足。考古学发现，盉器盛行于殷代及西周初期。[③] 盉字由皿符构成，原本专指调酒器，类比发展到可以指称一般意义上的调味功能。

---

① 历代字汇集合，《禾部》都属于较大的部类。

② 例如，王念孙揭示"禾"的名物之原，以为"天下得之则安，不得则危，故命之曰禾"。《广雅疏证》卷十上《释草》"粢、黍、稻：其穗谓之禾"条下引《说文》作"得时之中和"。参见《尔雅、方言、释名、广雅》"清疏四种合刊"本，上海：上海古籍出版社，1989 年 8 月影印版，第 676 页。段玉裁《说文解字注》订正作"得之中和"，并注明其依据："依《思玄赋》注、《齐民要术》订。和、禾迭韵。"参见段玉裁：《说文解字注》，上海：上海古籍出版社，1981 年影印经韵楼藏版，第 320 页。金文又直接以"禾"作为"龢"来记录，见《邾公釛钟》铭文："邾公釛乍卤禾（龢）鍾（鐘），用敬恤盟祀，旂年眉寿，用乐我嘉宾及我正卿。"龢鐘，亦乐器，属打击乐类。

③ 参见下节所录图像。

二、龢

《说文·龠部》曰:"调也。从龠禾声。读与和同。"原初的"调和",是诉诸较味觉感受相对抽象一些的听觉感受的音乐方面。

三、和

《说文·口部》没有记录这个字形的篆文。根据上面《说文》关于"龢"字结构分析关联,小篆属于脱落。只要看出土实物实际使用,"和"字已见于战国楚简以及古玺文等,作用等同于"调和"的"龢"字。后世字汇则将"和"字关联进来。①

咊,字汇一般将其作为"和"的异体。《玉篇·口部》认同关联为"和"字古文:"和,胡戈切。《书》云:协和万邦。又胡过切。《易》曰:其子和之。咊,古文。"实际上,上列"和"字条,所见出土文字记录,位置尚未定形之际,形符之口,位置于整个结构的左旁或右旁,都是存在的。②

也许可以在这里附带观察一下同类结构的"委"字。

根据古文字字汇的分类存储,"委"字不会出现在禾类系列里。《说文》将其归属《女部》:"𦔮,委随也。从女从禾。臣铉等曰:委,曲也。取其禾谷垂穗委曲之皃。故从禾。"

联系所记录汉语实际情形,这个字形结构当中的"禾"

---

① [日] 释空海唐抄《篆隶万象名义·龠部》中有:"龢,胡戈反。调也。和也。"《广韵·戈部》:"和,《尔雅》云:笙之小者谓之和。和顺也,谐也,不坚不柔也。"

② 据上面的联系,盉或龢即和。从功能观念上说,指向调和、调治、调适;从调和的价值意义来说,指向和谐、协调、适中。

符，作用或许还保存另外一边，即字形结构当中的禾也是可以作为声符出现的。[1]

"禾"也就是"和"字类的语源，换言之，在汉字未加分化标志之前，汉语史上无论是农事安排、饮食讲究还是音乐欣赏，其表征"调和相应"，大体都可以用一个"禾"形结构来标记。[2]

基于上述分析，先来观察诉诸感官饮食调和的"盉"字类。

---

[1] 倭，《说文·人部》中有："顺皃，从人委声。"《广韵·影部》反切标注读音包含乌果、乌禾二切。倭字形结构以委作声符，委复以禾符为声符。日本九州志贺岛出土迄今为止最早的汉印文字，关于大汉朝倭奴国王，铭文记录作"漢委奴國王"。委即倭，读音与"禾"有关，可知日本语以倭即委符标记族名为"和族"的由来，或以语音关联为得名根据。

[2] 《殷周金文集成》著录战国《留鐘》铭文，仍以"禾鐘"记录"穌鐘"，同期《董武鐘》铭文记录"禾鐘"，春秋器《邾公䥛鐘》亦作"禾（穌）鍾（鐘）"。

汉字中的"和道"文化思想

第二章

"盉"类饮食调和字

民以食为天，有关"和"的讲究，自然广泛存在于日常饮食当中。后世若干抽象的价值观念，也都可以从这里找到渊源。药食同源，基于古代医疗与饮食的天然关联，"和"理所当然地构成中国医药认知观念的最高范畴。

第一节　"盉"作为调和器

古代关于饮食调和的记录，使用专门的字形结构，就是在"禾"的声符基础上，加以器物形符"皿"，形成分工。现代汉语书面记录，在通用字的范围内，已经统合为一"和"字了。

一、盉之"体"

下面排比列出的字形结构链，是殷商西周早期的部分盉器铭文：

铭文字形结构由器皿形符跟作为声符的禾合成，可以对照下列出土盉器实物图形观察。出土青铜器实物，盉器占了很大比重，盛行于商代及西周时期。殷商西周时代有大量功能在于"调和"的"盉"器。①

二、盉之"用"

上面排列的文字形体之作用，统一于盉器上面，可以对照下列器形实物图像。较早些时候，有的文字学家考证盉器这类形制，作为酒度的调和器，是用来调和酒中水的比例，掌握酒的醇厚淡薄度。例如，王国维《观堂集林·说盉》："余谓盉者，盖和水于酒之器，所以节酒之厚薄者也。"② 以盉调和酒水，功能专一。这种解释，似乎对盉的功能阐述有些局限，不符合形体结构为一种，所指则为一类的认知原则。从器物及铭文中还可以看出，盉除了"调味"还用于"调色"，基于此，可以认为"盉"既具调酒的功能，也就有调五味的器用。《荀子·礼论》曰："刍豢稻粱，五味调香，所以养口也。"其中有个"香"字，由于跟"盉"字轮廓比较接近，王先谦《集解》援引清代王念孙的考据，指出："香"字应当作"盉"。

---

① 商周金文数据集筛选可得40多条"盉"字记录。
② 王国维：《观堂集林》写本影印，北京：中华书局，1959年，第152页。王先谦：《荀子集解》，北京：中华书局，1988年，第346页。器物图形见臧克和：《说文认知分析》第四章第一节，武汉：湖北人民出版社，2019年，第315页。

殷商西周盉器系列

西周调色器

具备"盉"形结构，即具有"调和相应"之义。接下来，首先观察与上述"禾"与农事关联最为密切的"和"的饮食调和字。

第二节 "味"之和

从上节观察分析来看，盉器的突出作用在于调酒、调味。上古之人的日常生活，就讲究"五味调和"。商周金文记录的"盉"字，基本与调和器名有关，例如"盘盉""旅盉""盉尊"之类。

一、和羹

《诗经》《尚书》中的"和羹"，原本就是记录作"盉羹"。关于这类调和而成的羹，《商颂·烈祖》中提到："亦有和羹，既戒既平。"汉代训诂学家郑玄解释为："和羹者，五味调，腥熟得节，食之于人性安和。"①

古人生活当中，有"调和五味""众口难调"等词语，这种"调和"作用，显然是上面所说农业文明高度关联的认知结果。②

羹，《说文·鬲部》著录的篆文有的就写作上部为羔下部为鬲，结构意义就是在鬲器中调和肉食。③ 战国楚简作 ，结构由表示饮食调和器的"鬲"符构成。鬲，甲骨文金文结构高度象形，接近实体物象。例如，（甲骨文）、

---

① 腥熟得节，其中"得"字，在这里具有"合"的作用，与成语"相得益彰"之得，功能相当。

② 上古"和羹"成词，例如，《诗经·商颂·烈祖》："亦有和羹，既戒既平"；《尚书·说命下》："若作和羹，尔惟盐梅"；孔传："盐，咸；梅，醋。羹须咸醋以和之"。

③ 饮食味道调和，除了讲究五味之和，还有关于时令上的四季"六和"，五行上的物理属性的相应调和适当。完整的调和材料以及四时季节搭配讲究，参见《清经解》卷二六七《乡党图考》，载江永《通考食味调和》（王先谦编，阮元续编：《清经解·清经解续编》，上海：上海书店出版社，2014 年，第 2—318 页）。《礼运》：五味六和十二食还相为质。《注》：五味，酸、苦、辛、咸、甘也。和之者：春多酸、夏多苦、秋多辛、冬多咸，皆有滑甘，是谓六和。《疏》：每时三月虽同，大总考之有十二月之异。《洪范》：水曰润下，火曰炎上，木曰曲直，金曰从革，土爰稼穑。润下作咸，炎上作苦，曲直作酸，从革作辛，稼穑作甘。《天官·食医》：凡食齐（江氏考：才细反，量也）眡春时，羹齐眡夏时，酱齐眡秋时，饮齐眡冬时。《注》：饭宜温，羹亦热，酱宜凉，饮宜寒。又：凡和：春多酸，夏多苦，秋多辛，冬多咸，调以滑甘。《注》：各尚其时味而甘以成之，犹水火金木之载于土。《疏》：五行土为尊，五味甘为上。故甘总调四味，滑者通利往来亦所以调和四味……《左传》：晏子曰：和如羹焉。水火醯醢盐梅以烹鱼肉，燀之以薪，宰夫和之之齐以味，济其不及，以泄其过，君子食之以平其心。

（金文）。从体制上看，形制上口圆，类似青铜器的鼎，三足中空。陶制鬲始于新石器时代晚期，到了商周时期，陶制鬲与青铜制鬲并存使用。鬲主要用以烹饪，可以调和五味，跟盉鼎之类可以并列。① 可见，饮食上五味调和的讲究，来源于久远的上古时期了。

二、生熟得节②

饮食的生熟火候，存在需要调节的余地。调和味道，涉及多种元素。即使同一饮食素材，加工的火候也存在调和的需求。就像上面提到的训诂材料中除了"五味调"，还涉及"腥熟得节"，即生熟味道合乎调节的生活经验。

汉代未必已经使用"腥"字，而最有可能就是直接拿"生"字来记录的。大家都熟悉的秦汉之交楚汉相争的故事中，有汉军壮士樊哙勇闯鸿门宴会，曾经受到啃嚼彘肩的特别犒赏一节。彘肩，现代叫作猪腿肘子。按《史记》所记载，被赏赐的彘肩竟然是"生"的。如果直接拿现代人的"生熟"去作"活生生"理解，那么鸿门宴会上，就是项羽楚军方面早就预作地步，备好鲜活带毛猪腿，以待壮士樊哙闯入，加以招待，显而易见，这属于失真失理，也是一种"不协调"状态。③ 较

① 《说文·弼部》："鬻，五味盉羹也。从弼从羔。《诗》曰：亦有和鬻。古行切。鬻，鬻或省。鬻，或从美，鬻省。羹，小篆从羔从美。"
② 得，合。得节，合乎调节要求。
③ 日本泷川资言援引梁玉绳说法，就认为这里面有关于"生"字的失误而存疑：彘肩不可生食，且此物非进自庖人，即撤自席上，何以生耶？亦属未能通贯联类者。参见［日］泷川资言：《史记会注考证》，杨海峥整理，上海：上海古籍出版社，2016年，第436页。有的读者径直解释为生鲜猪腿肘子，以为非此不足以突出樊哙勇猛，显然失于表面化。

《史记》早些时间的文献记载，已经出现了以"生"字作"腥"理解的用法了。例如，出土秦代文献如岳麓书院藏秦简《占梦书》篇"夢見原狐生（腥）槀（臊），在丈夫取妻，女子家（嫁）"，就是以"生"字记录"腥"义项。① 腥属原味，就是处于未加五味调和，或者加火未熟即没有调和味道到火候，尚处"生槀"即"腥臊"并列状态。在汉代学者的观念中，"五味调和"与"腥熟得节"的"盉"，"食之于人性安和"，也就是使人平和而和谐、协调。②

三、舌尖上的中国

在中华料理谱系里，无论蒸煮烹饪的食品加工程序，还是各个地区的滋味调和，足以让外来旅行者叹为观止。甚至是再普通不过的饮料，一饮一啄之时，一瓶一杯之内，同样

---

① 朱汉民、陈松长主编：《占梦书》，第 1513 号，见《岳麓书院藏秦简（壹）》，上海：上海辞书出版社，2010 年，第 158 页；臧克和：《〈岳麓书院藏秦简〉字词札迻（一）》，《中国文字研究》2014 年第 2 期。实物文字实际使用"腥"，见于晚出的墓志刻石。作为"腥"字异体的"胜"字，基本没有通行开来，后来被借去作为"勝"的简体字。参见臧克和、刘本才主编：《汉字结构认知大字典》，广州：广东人民出版社，2020 年，第 2794 页。

② 《史记·项羽本纪》："项王曰：'赐之彘肩。'则与一生彘肩。"句式为"双宾语"，本传下文又有"赐之卮酒"相接。腥，出土文字见于晋代隋唐刻石，汉代当时的书写只能记录作"生"，记录作"腥"者，一定系后世抄本。该味觉字形结构原本作"胜"，《说文·肉部》："胜，犬膏臭也。从肉生声。一曰不熟也。"本部："腥，星见食豕，令肉中生小息肉也。从肉从星，星亦声。"至于胜被当作勝字简化形，则是晚起事情。《史记》八书中的《礼书》：大飨上玄尊，俎上腥鱼，《考证》[1]：《荀子》、《大戴礼》"上"作"尚"，"俎上腥鱼"作"俎生魚"。又，《礼书》："俎上之腥鱼也。"《考证》[9]：《荀子》《大戴礼》"腥"作"生"。

包孕了丰富的色香味天地。当然,我们并不能简单地以偏概全,认为其他民族饮食文化排斥"调和"因素。喜欢各地旅行品尝当地风味的人们,往往会由比较而生感叹:外国人习惯于"原味",不啻"寡淡"而嫌"单调"。比较而形成对立,已成为广泛的饮食品味调和体验。①

不同地域,因调和形成饮食嗜尚,产生味觉差异。积习难以改变,似乎已成为饮食文化"基因"。个体要改变味觉的某些嗜好偏向,也就相等于以一己之力,挑战数千年来积淀的"五味调和"文化基因,谈何容易!在饮食文化上,以"舌尖上的中国"作为其中华文化类型学表征,也就比较容易理解了。②

味觉偏向,关乎地域差别。各地调味嗜好基因,说来说去,基础还是取决于当地特色出产,即民俗所谓"特产"。《史记·货殖列传》揭示过这一关联:夫天下物所鲜所多,人

---

① 清代大学者袁枚甚至专门编写有《随园食单》,开卷就是关于下厨的知识说明,其中《须知》19条,主旨大要就是调剂搭配火候等。以至于今人戏称"吃货必读"。该美食谱开国即有印行。现在所常见版本,袁枚:《随园食单(图文版)》,南京:江苏古籍出版社,2000年。清代李渔著《闲情偶寄》,由于内容大率关于生活艺术,也被人视为古代名士"养生学"一类,论述了戏曲、饮食等艺术和生活中的各种现象,充满了饮馔调治等生活情趣。例如《种植部》关于"芙蕖"一种的种种"可人"之处,分别从"可目""可鼻""可口""可用"诸端备述,称得上脍炙人口。可参见李渔:《闲情偶寄》,杭州:浙江古籍出版社,1985年。

② 大类就有所谓"八大菜系",一般所指涵盖鲁、川、粤、苏、闽、浙、湘、徽。其实,细分各个区域一般都有自己的风味代表:四川火锅、金华火腿、淄博烧烤……不一而足。

民谣俗——山东食海盐，山西食盐卤，领南、沙北固往往出盐，大体如此矣。意思是说，天下物产，各地有多寡的区别，因而各地民俗反映出的口味偏好，也就存在基因层次的鲜明区别。即以南方地区为例，"总之，楚、越之地，地广人稀，饭稻羹鱼，或火耕而水耨，果隋蠃蛤，不待贾而足，地热饶食，无饥馑之患。"现代的表述就是：总结起来，楚越地区，地广人稀，以稻米为饭，以鱼类为菜，以火焚草，然后耕种，灌水除草，瓜果螺蛤，不须从外地购买，便能自给自足。鱼米之乡，地形有利，食物丰足，也就没有饥馑之患。①

第三节 "味"字调和作用——作为审美价值判断

一、"美"字认知深层结构

具体的五味调和，类比到抽象价值判断。美感意识源头到底在哪里？以羊形置于正面伸张的大人顶部，或可理解为有助于主给膳、供祭祀的六畜的肥壮繁盛。②感官相通，类比认知关联，自然也由视觉进而诉诸"味觉"。

---

① 饭稻羹鱼——联合结构，饭、羹皆为名词活用作动词，意动用法，以稻米为饭，以鱼类为菜汁。［日］泷川资言：《史记会注考证》，杨海峥整理，上海：上海古籍出版社，2016年，第4282页。

② 大凡动物与人体合成结构，会意认知过程中，还需考虑结构比例、空间位置等"意会环境"。例如虍与人形、鹿与大形、羊与人形等，公有的形符、作用各有侧重。虍与俯伏其下的人体比例合成"虎"，以人形俯伏为声符。至于羊形置于大形顶部，人类学者、美学家们或以为头部之"羊"为冠饰，会意为舞者以羊头为舞饰。问题在于，作为字符结构成分，人们无从将羊形虚化为头饰。

汉字以"甘"类结构为代表。滋味可口，统称"美味"。其中"美"字在出土殷商甲骨文字周代金文以及古陶文中已为多见：

甲骨文

金文　　　　　　　　　古陶文

至迟在汉代人的意识里，"美"的认知结构，直接关联自"甘美"的味觉体验。《说文·羊部》就是从味觉感官分析形体结构的："羑，甘也。从羊从大。羊在六畜主给膳也。美与善同意。臣铉等曰：羊大则美，故从大。"滋味的感受性，说起来具体可感，但看上去却抽象难诠。于是，认知结构有待于落实到作为"种概念"的羊类动物身上，表征的则是"属概念"的"动物养殖类"，至少代表的是当时的"六畜"。在汉代人的认知里，羊在"六畜"中的功能地位，主要还是负责供给膳食的。宋代人重视其形体特征，以其硕大则丰美，则是感官转换，即诉诸视觉的感受性。其实，美、肥、味字，在语源学上存在着到眼即辨的联系，未必一定坐实为引申、通感之类特殊用法。①

---

① 昭明太子《七契》："怡神甘口，穷美极滋。""美"与"滋"（即"味"）为对文同意，尤为醒豁。

二、羊·六畜·给膳

古代有的"说文学"学者则认为，牛羊字所记录的驯养牲畜，主要是作为供养牺牲品。古代祭祀为重，因此这类字形取其象形，见各类出土古文皆描摹其形体特征即知：

甲骨文

金文

战国简文

古玺文　　　　古陶文　　　　　古币文

《说文·羊部》描述"羊"字结构形态特点为："羊，祥也。从丷，象头角足尾之形。孔子曰：牛羊之字，以形举也。"① 因此，在中国古人心目中，"羊"不啻是"吉祥福善"的语源和字根。出土西汉铜洗纹饰中，"吉祥"仍写作"吉

---

① 徐灏《说文解字注笺》，关于段玉裁《说文解字注》笺释。胡安顺：《〈说文〉部首段注疏义》，北京：中华书局，2018 年，第 157—158 页。

羊"。根据上述关联，不难发现，羊形结构，与这种肯定的价值观念情感态度即深层结构，存在悠久的历史渊源。①

商代中期羊首纹饰尊　　　汉代"大吉羊（大吉祥）"
　　　　　　　　　　　　　　字形及洗器纹饰

上述关于味觉的感受性意识，就是落实凝聚于一羊字形体。

考古学表明，中国很早就进入了农业文明社会，而农业为人类提供了两项重要的生活条件——食物和定居。这二者又促进了第三种生活条件即家畜的产生。早在纳吐夫晚期遗址中（公元前8000年），就发现有小家畜的遗骨，纳吐夫的继承者耶利哥文化（公元前7000年至公元前6000年）以及这个时代的许多其他类似的早期新石器文化（安纳托利亚的恰塔尔休于文化，北非的卡里姆沙希尔文化以及稍晚的耶莫

---

① 引自臧克和：《〈说文〉认知分析》第四章，武汉：湖北人民出版社，2019年，第307—310页。

文化）已经有饲养的山羊、绵羊。而现代科学证明，起初驯养的是狗和羊，牛马的驯养为时较晚。① "養"字语源就是"羊"，《说文·食部》对此的结构分析为："養，供養也。从食羊声。羧，古文養。"養，声符为羊，体现了古人以羊为供养生存语源的认知。古文结构，不啻表现出"養"字根源，也离不开羊。

早在商代，殷人就有畜牧的传统。从卜辞中保存的牲畜名称和相关联系来看，那时"六畜"（马、牛、羊、鸡、犬、豕）俱全。据统计，"六畜"所占比例，与古人类学研究的结论（即羊、犬的驯养较之其他种类的畜牧为早）基本上是相应合的。从徐中舒所主编《甲骨文字典》收字记录情况来看，连字头计算在内、附录也统计于其中，"六畜"的代表字符分别参与第一个层次构形的情形，或者可以认为分别以马、牛、羊、鸡、犬、豕作为基本字符构件的那部分字，其字数依次为：

羊部 45；

豕部 36；

犬部 33；

马部 21；

牛部 20；

鸡部 3。

其中羊部字明显占优势，其余依次是豕、犬、马、牛。到了

① ［苏］列·谢·瓦西里耶夫：《中国文明的起源问题》，郝镇华，张书生等，译，北京：文物出版社，1989 年，第 121 页。

《说文》一书，羊部字所集合字符已呈下降趋势，连重文在内共计 34 文。"六畜"各自所占比重，与甲骨文反映的情形，各个时代此消彼长，适成对照。这种变化反映了社会生活及观念认知的发展。哲学家卡西尔在《人论》中揭示过："分类是人类言语的最基本特性之一。命名活动本身即依赖于分类的过程。"而"每一种分类都是被特殊的需要所决定和支配的。并且显然地，这些需要是根据人们社会文化生活的不同条件而变换着的"；因此，"人类言语总是符合于并相应于一定的人类生活形式的"。① 从上述统计中即可发现中国很早就具有发达的畜牧业，而最早是"羊"在六畜中占据头等地位。这就为古代人首先将肯定的情感价值态度，投射凝聚到"羊"身上，提供了社会生活方面的认知基础。

第四节　"五味"——协调心理情感

"味"类字认知结构，体现出中国古人对感受的认知特点：一些复杂的情感体验，难落言诠，也每每以这种"口腹滋味"来传递认知经验。也就是说，深层结构意义上可以越界跨类。

苦，记录五味之一，古代可以将其挪移到心理情感的痛苦悲伤感受的"趣觉"使用。这方面最直接的搭配关联，只要看历代大量墓志序文及铭文便可明了。其中苦、悲二字，

① ［德］恩斯特·卡西尔：《人论》，甘阳译，上海：上海译文出版社，1985 年，第 173 页。

往往构成对文。苦月、苦雾结缘，作用相当。①

一、口腹生理滋味——跨类：两性体验

古代人往往以"口腹滋味"的感受性认知结构来传达一些复杂的情感体验。例如：

---

① 唐乾封二年《赵君妻梁氏墓志》："风悲拱木，月苦寒茔。"唐开元五年《崔君妻郑氏墓志》："烟云积而高日苦，草树□□□□□。"以后句残缺，未明所对，然下列用例，则大率苦、悲对文一意。唐开元二十年《崔光嗣墓志》："城临苦月，思南陌之歌钟；地即荒郊，痛北邙之荆棘。"开元二十一年《邓夫人墓志》："千里遥遥思煞人，九原冥冥空有尘，悲风苦月徒相继，垄塓泉台不复春。"长安四年《杨亮墓志》："苦月宵映，悲风昼吹。"开元二十三年《姚珝墓志》："苦月悬陇，愁云曀日。"开元二十五年《卢暾墓志》铭文："幽珑闷兮苦月过，寒松植兮悲风度，春兰兮秋菊，千霜兮万露。"开元二十七年《张易墓志》："悲风萧飉，苦月徊徊。"如此等等，隋唐石刻使用"苦月"16处；使用"月苦"25处。魏晋南北朝石刻尚未见使用记录，是"苦月"者，属于隋唐时代石刻渲染气氛始出现并凝固为恒定意象结构。

按苦、悲对文一意，如隋开皇十五年《巩宾墓志》："山浮苦雾，树动悲风，流冰噎水，上月凝空。"隋大业九年《郭宠墓志》"苦雾埋旌，悲风偃盖"。隋大业九年《牛谅墓志》："寒林萧索，红尘掩蔼。苦雾埋旌，悲风偃盖。"抑或愁、苦对文，如隋大业十一年《伍道进墓志》："西扶落照，东汜沉晖。云愁日惨，雾苦风威。"隋仁寿元年《高虬墓志》："陇暗愁云，山昏苦雾。"唐天宝元年《张本墓志》："寒林萧瑟，每积悲风。高陇嵯峨，常飞苦雾。"悲风、苦雾对文，即悲愁之雾，亦"苦月"之比。唐天宝四年《司马元礼墓志》："苦雾霏霏，愁烟漠漠。"

月色清冷，渲染凄凉。感触之媒，遂由视觉而及味觉，由味觉以通心觉，隋唐墓志已为成语。"苦寒"成词，隋代墓志用字，尚以"月寒"搭配。如隋开皇十年《王曜墓志》："林空鸟思，风悲月寒，陵谷非久，前后相看。"

《诗经·汝坟》:"未见君子,惄如调饥。"①

《楚辞·天问》:"闵妃匹合,其身是继,胡维嗜不同味,而快朝饱?"②

屈原关于大禹通于涂山女的发问,拿正当早饭饥肠辘辘之际,得以饱餐一顿的快感,即生理需要被满足的滋味,来比况男女匹合所产生的情感体验。故而以"快朝饱"隐喻"甘匹合",就是以口腹生理滋味,模拟两性关系的情感体验。与此相映成趣,情感得不到满足的况味,亦可以拿生理上饥饿的滋味来摹写。③汉语俗语所谓"饱汉不知饿汉饥",就等于这类套语成语的现成解释。类似的情形,又见下出"甚"字条。

二、肉食口感滋味——跨类:音乐听觉欣赏

随着"味"的认知内涵逐渐丰富,到后来,一切心理情

---

① 汉代经学家郑玄笺释:"调,朝也。如朝饥之思食。"(阮元校刻:《十三经注疏》,北京:中华书局,1982年,第282页)调,古音《广韵》张流切,朝,早晨。调字从周得声,朝字小篆则从舟得声。《说文·倝部》:"倝,旦也,从倝舟声。"金文"朝"字的"水"旁与"舟"形近,而"舟""朝"又音近,《说文》小篆就讹变为"舟"符。

② 胡维嗜不同味,而快朝饱:现代的说法就是为何嗜好滋味原本不同,却贪图快犹如早餐一顿饱饭?有的版本异文作"胡维嗜不同味,而快鼁饱"。鼁,与朝字读音同。《说文·黾部》:"鼁,匽鼁也,读若朝。杨雄说:匽鼁,虫名。杜林以为朝旦,非是。从黾从旦。臣铉等曰:今俗作鼃。"

③ 钱锺书著《管锥编》第一册论《毛诗正义·汝坟》第10条"匹与甘"。(钱锺书:《管锥编》第一册,《钱锺书集》,北京:生活·读书·新知三联书店,2008年,第127—128页)其中对有关文艺心理学现象阐释,称之为"情感饥饿"。以饮食喻男女、以甘美喻匹配的认知方式,与巴尔扎克所谓爱情与饥饿相类似之语作过比较。

感上的满足、愉悦的认知体验，都可以借用饮食生理的滋味来类比认知。大致上到春秋时期，"味"的感官认知体验，已经开始被引入到音乐等艺术鉴赏领域。人们都十分熟悉的《论语·述而》中讲道："子在齐闻《韶》，三月不知肉味，曰：不图为乐之至于斯也。"语用修辞学上，经常提到的这类所谓"感官相通"的例子，实际上就是"和道"里面肉食口感滋味类比音乐听觉享受。参见"龢"类字相关部分。

第五节　"宜"字结构——类比抽象价值观念

口腹之奉，调和适宜，也作为价值评判广泛运用。适宜的，才是合乎调和法则的。这类关联，在汉字认知结构方面，"宜"字类所携带的信息，还有待于深入挖掘。

一、宜与俎，有体有用

"宜"字的认知结构，如同"羊"之于"祥"字，依然是源于祭祀的贡献牺牲食物：

甲骨文

金文

战国楚简

古玺文

古陶文　　　　　　　　古币文　　　　　侯马盟书玉石刻文

甲骨文、金文从多从且，结构中的"且"符即俎，是安放祭品的礼器，"多"作为声符，本体像肉块状（），甲骨文从"多"形之半，作🔲🔲，重叠为"多"；战国楚简作🔲，《说文·肉部》小篆作🔲，无待重叠，即接近多形。宜字整体像牲体两部，安置于俎器两旁，以供祭献享。《说文》曰："宜，所安也。从宀之下，一之上，多省声。🔲，古文宜。🔲，亦古文宜。"① 有学者以现代汉语解释"所安"，翻译为"令人心安的地方"。② 这里的"心安理得"，还需要顾及"宜""俎"字认知结构关联，以及缘起于上古的祭品陈设讲究。

---

① 俎，古文字形结构见：🔲🔲甲骨文🔲🔲金文，甲骨文象多即肉置于俎豆器具形。《说文》："俎，礼俎也。从半肉在且上。"《玉篇》："俎，庄吕切。断木四足也，肉俎也。"《广韵》："俎，俎豆。"《集韵》："俎相俎，壮所切。或从木、从爿。""俎，荐牲几。《春秋传》：司马折俎。""俎，礼器。"多、宜二字，古音都在歌部。

② 汤可敬：《〈说文解字〉今释》第二册，上海：上海古籍出版社，2018年，第1046页。

关于俎之体制，王国维专论有《说俎》，其中提到：

> 传世古器，乐器……煮器……脯醢器……黍稷器……酒器……洗器……兵器如戈、戟、矛、剑，世皆有之。惟俎用木为之，岁久腐朽，是以形制无传焉。案《说文》："俎，礼俎也。从半肉在且上。"《诗·鲁颂》"笾豆大房"，毛传云："大房，半体之俎也。"郑笺则云："大房，玉饰俎也。其制：足间有横，下有跗。似乎堂后有房。"……总郑君《诗》、《礼》三注，则俎之为物……《周语》"禘郊之事则有全烝，王公立饫则有房烝……"韦注："全烝，全其牲体而升之；房，大俎也；谓半解其体升之房也。"则"房蒸"者，对"全蒸"言之，盖升半体之俎。当有两房，半体各置其一，合两房而牲体全，故谓之房俎。俎字篆文作俎，象半肉在且旁。而殷虚卜文及《貉子卣》则作　作　，具见两房两肉之形。而其中之横画，即所以隔之之物也。由是言之，则有虞氏之梡：梡者，完也；殷以椇，椇者，具也。皆全蒸之俎。①

分析"俎"器形制，作为盛牲的礼器，应该像两房并列之形，完整的牲体列具两旁。这跟《毛传》所讲的"大房半体之俎"、《说文·且部》所解释"俎，礼俎也，从半肉在且上"都是相吻合的。

精洁祭牲，安置于俎器，宜于祭献，故作为祭祀专名，

---

① 王国维：《观堂集林》卷三"说俎上"，北京：中华书局，1959年，第155—156页，容庚《金文编》卷七：俎、宜为一字。参见容庚：《金文编》，北京：中华书局，1985年，第527页。

得以称之为"宜祭"。①由祭品专名，进而发展为指向一般菜肴。据此关联，抽象的调适、适宜的用法，大体上也不外乎源自祭品到菜肴方面的讲究。

二、"宜"字与饮食生育

宜，既可泛指一般菜肴，又指一般饮食。例如：《楚辞·天问》中"简狄在台，喾何宜？玄鸟致贻，女何喜？"四句两两成韵，前两句台、宜构成韵脚字。② 大意是简狄在高台之上，帝喾以什么作为饮食。"玄鸟致贻，女何喜"二句又涉及生育，比如《吕氏春秋·音初》："有娀氏有二佚女，为之九成之台，饮食必以鼓。"

三、宜与谊

《说文·言部》曰："谊，人所宜也。从言从宜，宜亦声。"结构分析为会意兼形声字。从言从宜，宜兼表音，人所合适、适

---

① 臧克和：《读字录》上册，上海：上海古籍出版社，2020 年，第 255—258 页。关于祭献合乎古礼的讲究，出土战国楚简还保存记录。例如，上海博物馆藏《战国楚竹书·孔子诗论》第九简："天保丌得彔蔑疆矣巽寡惪古也"，句读为"《天保》其得禄无疆矣，巽寡惪古也"；可以理解为：《天保》所歌，将获得无边福禄，是由于具食精洁、合乎古礼。

② 《诗经·商颂·玄鸟》："天命玄鸟，降而生商。"《史记·殷本纪》云："殷契，母曰简狄，有娀氏之女，为帝喾次妃。三人行浴，见玄鸟堕其卵，简狄取吞之，因孕生契。"台、宜押韵，古音韵部相同。例如，苔、怡现代汉语两读，而皆以台为声符。台，《广韵·咍部》徒哀切（哀字结构，又从口形、衣为声符）。三、四句押韵，《史记会注考证》关于该篇也有"玄鸟致胎"异文（［日］泷川资言：《史记会注考证》，杨海峥整理，上海：上海古籍出版社，2016 年，第 117 页）。"喜"亦有异文"嘉"，不合韵读。

当、适宜的，应该就是合乎义理的。① 由此类比，发展为人事人物关系的适宜、相称。汉语常用词如：宜人、便宜、不宜、得宜、合宜、机宜、权宜、失宜、宜嗔宜喜、宜家宜室、便宜行事、权宜之计、事宜、事不宜迟、面授机宜、因地制宜等。由此联系，又类比运用到自然景物、时令等方面的协调，诸如时宜、适宜、相宜、不合时宜等，这些也都属于"和道"功能范畴。②

四、"美貌多宜"——"宜"是如何与美趣价值判断发生联系的

"美貌多宜"，就是"和道"价值的直接体现："和"字深层结构，以多元多边，复多层多种，呈现出协调的功能机制。月旦人物，体段态度，大量使用"宜"字。《管锥编》归纳古代审美意趣，特别提出配合适宜，即"美貌多宜"品目。③ "既

---

① 《玉篇·言部》："谊，理也，人所宜也。"《名义·言部》："谊，理也。善也。义也。宜也。"《广韵》："谊，人所宜也。又善也。"《史记·宋微子世家》中有"毋偏毋颇，遵王之义"，《尚书·洪范》中"义"作"谊"。

② 唐代诗人刘禹锡《望洞庭》诗句"湖光秋月两相和"，此处之和，作用同宜。宋代苏轼《饮湖上初晴后雨》其二："水光潋滟晴方好，山色空蒙雨亦奇。欲把西湖比西子，淡妆浓抹总相宜。"相宜，相协调。

③ 钱锺书《管锥编》："王粲《神女赋》：'婉约绮媚，举动多宜。'苏轼《西湖》称西施：'淡妆浓抹总相宜。'王实甫《西厢记》第一本第一折张生称莺莺'我见他宜嗔宜喜春风面'，就是说的'多宜'。梁简文帝《鸳鸯赋》：'亦有佳丽自如神，宜羞宜笑复宜嚬。'周邦彦《玉楼春》：'浅颦轻笑百般宜。'谢绛《菩萨蛮》'一瞬百般宜，无端笑与啼。'扬无咎《生查子》：'妖娆百种宜，总在春风面，含笑又含嚬，莫作丹青现。'"（钱锺书：《管锥编》第三册，北京：中华书局，1979年，第1038—1039页）"宜笑"即是传达内在神韵之美。《楚辞·九歌·湘君》，其中关于"宜"的描写是直接与仪态之"美"发生联系的："美要眇兮宜修"，王念孙《读书杂志》已揭示此"宜"大概为"仪"的借用。

含睇兮又宜笑，子慕予兮善窈窕。"(《楚辞·九歌·山鬼》)适宜的便是美。汉语史上，适宜，意味着适当。体现在时节上，古代称之为"当令"，就是顺应时节律令的协调。"宜"是古人关于美的价值取向使用中最具普适性的一个"关键字"。《诗经·郑风·缁衣》首章有"缁衣之宜兮"的描写，服饰可体称身①，说到底也就是一种协调，自然也有可能成为仪表美感的判断之一。②

第六节　"甚"字违和

一、"甘"与味觉

从《说文》一书提供的"美"的有关认知结构来看，中国古人的审美价值判断意识有着多维多边的来源。其中，"调和"的内在机制，依然在发挥作用。首先观察其中关于味觉感受性认知结构连类：

---

① 称身，合身，谓衣着得体，得、合、可、和字音同或音近。
② 宜字虚化，重融合而不拘泥，记录情态虚词。标记一种不十分确定的或然性推测类认知评判，犹如大概、似乎、或许。《左传·成公二年》："异哉！夫子有三军之惧，而又有桑中之喜，宜将窃妻以逃者也。"王引之《经传释词》卷五："宜，犹殆也。"《孟子·公孙丑下》："固将朝也，闻王命而遂不果，宜与夫礼若不相似然。"《史记·廉颇蔺相如列传》："（宦者令缪贤曰）：臣窃以为其人勇士有智谋，宜可使。"《史记会注考证》：宜，犹殆也。按：宜字而标注"犹'殆'"。（［日］泷川资言：《史记会注考证》，杨海峥整理，上海：上海古籍出版社，2016 年，第 3172 页）考察时代身份地位场合，用"殆"字，既合情理，而尤其契合音理。

甘，美也。从口含一。一，道也。(《甘部》)

甛，美也。从甘从舌。舌，知甘者也。(《甘部》)

䣝，和也。从甘从麻。麻，调也。甘亦声。读若函。(《甘部》)

旨，美也。从甘匕声。(《旨部》)

尝，口味之也。从旨尚声。(《旨部》)①

香，芳也。从黍从甘。《春秋传》曰：黍稷馨香。(《香部》)

上述类型，都指向人的味觉感官愉悦性认知体验。䣝，属于甘类，所从麻符，解释作"调"，表明其功能在于"调味"。香，甲骨文作![甲骨文香]，金文作![金文香]，由口符与黍符构成，表明此类口感源自稼禾谷物，也应属于调和的味觉类型。《说文》小篆从黍从甘，隶变楷化作"香"，"黍"省作"禾"，"甘"误混为"日"。本部集合馥、馨二字，没有再区分出若干种香型。

二、"甚"字组合

甚，《说文》也是将其归到《甘部》，大体属于饮食味觉体验一类："甚，尤安乐也。从甘，从匹耦也。"② 所分析小篆，为从甘从匹："甘"为甘美，"匹"为匹偶，美食和配偶都是人的欲求，都得以满足，合成会意就是太过安乐——完全违背"调和谐适"之旨。以"甚"作为声符结构的有：

媅，乐也。从女，甚声(《说文·女部》)。③

---

① 嘗，今天简化作尝字，经由草书简化、楷化而来。

② 《广韵》："甚，太过。"

③ 朱骏声《说文通训定声》临部第三：字又作妉。朱骏声：《说文通训定声》，北京：中华书局，1984年，第89页。

葚，桑实也。从艸，甚声（《说文·艸部》）。[1]

"媅"属女部类，"葚"从艸部类，皆从"甚"得声。充当声符的"甚"字，指向相对抽象，为欢沉乐醋，即过分沉溺于某种快感体验。[2]

《诗经·卫风·氓》有言："于嗟鸠兮，无食桑葚；于嗟女兮，无与士耽。"葚、耽构成韵脚字。耽，沉湎欢爱。女性类从"甚"得声，传达情感体验；草木类从"甚"得声，指向桑实给人的味觉生理体验：二者或许理有相通，由心理情理到物理生理，建构了一种稳定的类比关联。

"甚"即违"和"，在儒学价值体系中，自然是否定的。以"葚"（艸为形符、甚为声符）拟象男女匹合、沉溺情网。在对待过分迷恋于男女饮食这一点上，儒道两家的态度相差无几。《老子》第二十九章："是以圣人去甚，去奢，去泰。"河上公注："甚谓贪淫声色。"夫饮食、男女，其一边为"种"（自身）的繁衍（匹），其一边为"物"（社会）的生产（甘）。切身经济，最基本的人生社会结构，不外此两端。两边都强调不可过度失和，因此以"甚"字为调和控

---

[1] 《说文通训定声》临部第三：字亦作椹，标记桑葚属木本植物。朱骏声：《说文通训定声》，北京：中华书局，1984年，第88页。

[2] 段玉裁《说文解字注》："人情所尤安乐者，必在所溺爱也。"（段玉裁：《说文解字注》，上海：上海古籍出版社，1981年影印经韵楼藏版，第202页）同样以"甚"为声符派生分化出的"湛""媅"等字，有的就包孕着"过分安乐"的内涵。媅，逸乐。《大戴礼记·少间》："优以继媅，政出自家门，此之谓失政也。"孔广森补注："媅，湛也。君方优游湛乐，而政出于大夫之门，是乃上失其政也。"

制的标准尺度。①

从以上联系中，我们也不难看出，"和"指向饮食调味这一层次的关联是极为广泛的。然而我们却不能据此判断"调味"之"和"发生在前，"调乐"之"和"属于后起。设若强分先后，此疆彼界，则未免失之简单。

出土古文字结构，可以比照参验：

金文

战国楚简

秦诅楚文　　　　睡虎地秦简　　　　里耶秦简

---

① 从"甚"构造、衍"甚"为声的"媅""湛""椹"等一系列字，一部分均有感官享乐过度违和之义："媅"，《说文·女部》："乐也，从女，甚声。"而"湛"字不过是"媅"的同字异体。《集韵·覃韵》："媅，或作湛。""湛"之为甚，所指为沉迷，《说文·水部》："湛，没也，从水，甚声。"《诗经·大雅·抑》："颠覆厥德，荒湛于酒。"郑玄解释为："荒废其政事，又湛乐于酒。"《汉书·霍光传》："与从官官奴夜饮，湛沔于酒。"颜师古注："湛读曰深，又读曰耽。沈沔，荒迷也。"由是可知，"耽于安乐"之"耽"，本字应该就是这个"湛"。因为"甚""尤"同系古音侵部，故"酖"字，《说文·酉部》就说"乐酒也"；朱骏声《说文通训定声》："嗜色为媅，嗜酒为酖。经传多以湛为之。"

过犹不及。主张"和道"机制、"和道"效果者认为,过头与不逮,都有违于"和"。古代政治家的调和公式表述就是:"济其不及,以泄其过。"①

第七节　燮和、烹鲜与治国

一、燮及燮和

《说文》曰:"爕,和也。从言从又、炎。籀文燮从羊。羊,音饪。读若湿。臣铉等案:燮字义大孰也。从炎从又。即孰(熟)物可持也。此爕盖从燮省。言语以和之也。字义相出入故也。"各个时期出土的代表性古文字结构如下:

| 甲骨文 | 金文 | 战国楚简 |

战国楚简从又从炎,甲骨文从手持众多火把,大体上分析为会意结构,从言从又从炎。

"燮和"成词,初始的记录,也是加热烹饪的调和、谐和。至于汉语史上诸如燮和、燮理、燮调、燮和之任等,类比所产生的认知结果,则用于抽象领域。例如,《尚书·顾命》:"燮和天下,用答文武之光训。"其中"燮和",也作

---

① 《左传正义·昭公二十年》晏子对答齐景公关于"和"与"同"的差异问题。读者都熟悉的《西游记》里的猪八戒,堪称"甚"字的具象化身。老猪不能正果成佛,前因正在于:每到紧要关头,往往体现为"饥肠雷鸣"与"色胆包天"。是甘饮食与快匹合,一身二任,具在一体。

"协和"，意思是和睦、融洽。《尚书·尧典》："百姓昭明，协和万邦。"孔颖达疏解："能使九族敦睦，百姓显明，万邦和睦。"调和、和谐、配合得当的作用，更是见于音乐教化。《后汉书·刘恺传》："协和阴阳，调训五品。"《三国志·蜀志·后主传》："上下交畅，然后万物协和，庶类获义。"协和，意思就是调和、和谐、配合得当。

二、治大国与烹小鲜

《老子》第六十章曰："治大国若烹小鲜。"① 烹小鲜，也是烹饪调和小鱼，小心翼翼，特点是讲究悉心调和。鲜，出土古文字排比如下：

金文

战国楚简　　　　　　古玺文　　　　　　石鼓文

另外，《说文·鱼部》小篆也贮存了下列三个结构：

_____

① "鲜"字从鱼，河上公注："鲜，鱼也。"成语"数见不鲜"中"鲜"字的用法已经虚化。《史记·郦生陆贾列传》记载："一岁中往来过他客，率不过再三过，数见不鲜，无久愿公为也。"司马贞索隐："数见音朔现。谓时时来见汝也。不鲜，言必令鲜美作食，莫令见不鲜之物也。"《史记会注考证》引中井积德说："常相见，则意不新鲜。"（〔日〕泷川资言：《史记会注考证》，杨海峥整理，上海：上海古籍出版社，2016 年，第 3509 页）《汉书》此处作"数击鲜"，则与"鲜鱼"词义相去不远。

鲜 —— 𩶰 —— 𩺰 ——结构从鱼,从羴(shān)省声。①

金文基本作上下结构,个别为左右构造。古代字汇保存了"鲜"字一个义项,可以丰富关于古代祭献的知识:"鸟兽新杀曰鲜。"② 而且"鲜"字指向的是一个类,即古代大凡新收获的农作物、新捕捞的海鲜、新猎获的野味,都作为首先贡献的祭品。凡此,"鲜"也就属于先民祭献蒸尝的调和范围,调和过程中,自然是小心翼翼。在上文相关脚注里也已经提到,战国楚简已出现"馈寡愙古"的精心考究。

要之,"盉"作用于饮食感官方面的"调和适宜",经过了味觉听觉等感官方面类比,适用于诸如祭祀蒸尝、协调众口、和谐众生、辨证施治、教化广大、协理万邦等各个领域。语用修辞专业学者强调的所谓"感官相通"效果,尚属晚起。基于此,古代音乐理论之所以总是强调突出"中和"的重要功能,关乎人伦教化乃至国家兴衰也就容易理解了。具体见第四章"龢"类字。

---

① 金文基本作上下结构,至于上部的"羊"符,不会有人将其类等于"美"字结构,可以虚化为"羊头饰"。现在当作异体对待的"鱻",为会意字,从三鱼,只用于新鲜、鱼鲜义,读 xiān。异体"𩵋"为会意字,从甚从少,"𩺰"为会意字,从是从少,都只用于少义,读 xiǎn。
② 《说文·鱼部》:"鲜,鱼名。出貉国。从鱼,羴省声。"作为形声结构看待,由鱼形,羴减省的声符构成。《玉篇·鱼部》中的"鱻,鸟兽新杀曰鱻,亦作鲜",从《集韵》所存记录来看,原本来自《说文》本部的解释:"《说文》:鱼名。出貉国。一曰鸟兽新杀曰鲜。又曰善也。"

汉字中的"和道"文化思想

第三章

盉类字与传统医疗

中医的治疗方案中记载了丰富的药方及医理，传承历史悠久。其中有相当大的比例，是关于"食疗"的内容，因此我们将这部分盍类字的认知结构，放在这里展开讨论，作为自然的过渡与衔接。

第一节 饮食与治疗

一、药膳

中医学在很多场合下强调"医食同源"，称之为"食疗"。意思是通过饮食的调和，对人体各个系统的调理，从而达到对有关疾病医治的效果。第二章"盍"字类的讲究，若干内容已经涉及"治疗"理念了。

在分析"美味"之"美"跟"羊"、"营养"之"养"与"羊"的关联过程中，人们已经注意到了"羊"在六畜当中的特殊地位——"主给膳"。药膳，在中医里面是合成词，其特点自然少不了药材与食材的调和。像参芪鸡、虫草鸭、银耳羹等，都是人们耳熟能详者。有些地方，还开设了专门的"药膳餐厅"。

有些食材本身就是药材，可以入药。例如，餐桌上常见的"山药"之类。也有些食材和药材的得名，直接与味觉关联。例如，"苦丁""苦瓜""香米""甘菊""酸枣仁"等，不一而足。①

二、养生

上海市中医文献馆荟萃了各大医院的老中医名家，馆内墙壁上挂着一张"四季养生调和表"，即季节性养生法（seasonal regimen）：

四季养生调和表

四　季	春	夏	秋	冬
五　脏	肝	心	肺	肾
主　色	青	赤	白	黑
主性味	多酸 多辛	多酸 多咸	多辛 多甘	多咸 多苦
主五行	木	火	金	水

以一年季节转换划分为主线，参与调和的因素，要考虑时令的四季，颜色的四色，味性的五味偏向，分别取得与心肝肺肾脏器系统的对应。

三、味觉与医药

有些中医药学专业人士，还专门从"味道"上下功夫，探究中医药的文化机理。所谓"岐黄作本草，甘辛味所纪"，

---

① 还有一些有趣的现象，例如一些药材的命名，竟然是动植物的配合型。例如，"虫草""马齿苋"等。

或苦、甘，或辛、酸，每味中药都有其独特的味道，一经配伍后，便成了颇具疗效的中药方剂。

药材的采集，与农作物的成熟收获规则是一致的，也是强调符合"中和"标准。宋代科技家沈括，揭示了药物学的"辩证"协调观念：否定把采药时间拘泥于二、八月的古法，提倡应根据不同的用药要求而调整时间。更进一步，还需要充分考虑植物的生长受地理、气候和人力等诸多因素影响。基于众多因素协调考虑，采集草药不可"定月"（拘泥限定月份），而要因时因地制宜。这里的"宜"，跟作者关于"中药所宜"的"宜"字的认知结构是统一的。传世中医药世家提倡所谓"辨证施治"，存在着深厚的渊源。①

---

① 宋代沈括《梦溪笔谈》卷二十六中提到：古法采草药多用二月、八月，此殊未当。但二月草已芽，八月草未枯，采掇者易辨识耳，在药则未为良时。大率用根者，若有宿根，须取无茎叶时采，则津泽皆归其根。欲验之，但取芦菔、地黄辈观：无苗时采，则实而沉；有苗时采，则虚而浮。其无宿根者，即候苗成而未有花时采，则根生已足而又未衰。如今之紫草，未花时采，则根色艳泽；花过而采，则根色黯恶，此其效也。用叶者，取叶初长足时；用芽者，自从本说；用花者，取花初敷时；用实者，成实时采；皆不可限以时月。缘土气有早晚，天时有愆伏。如平地三月花者，深山中则四月花。白乐天《游大林寺》诗云："人间四月芳菲尽，山寺桃花始盛开。"盖常理也。此地势高下之不同也。如笙竹笋有二月生者，有三、四月生者。有五月方生者谓之晚笋；稻有七月熟者，有八九月熟者，有十月熟者谓之晚稻。一物同一畦之间，自有早晚，此物性之不同也。岭峤微草，凌冬不雕，并汾乔木，望秋先陨；诸越则桃李冬实，朔漠则桃李夏荣，此地气之不同也。一亩之稼，则粪盖者先芽；一丘之禾，则后种者晚实，此人力之不同也。岂可一切以定月哉。（沈括：《梦溪笔谈》，上海：上海古籍出版社，2015年，第176—177页）——关于草药采集的时间观念，各种调和之法，让人们自然联系到《说文·禾部》关于"禾"之得名的"中和"因素。

第二节 景物赏心与疾病治疗

一、樂与癃

《说文·疒部》小篆,从疒樂声。"疗"为或体,从疒寮声。简体"疗"是将繁体"癃"的声旁替换为"了"。引起有些人感兴趣的关联,就是"草藥"之"藥"声符,上古巫医施法"樂神"之"樂",跟上面所分析"癃"的声符是一致的。①

最近,一些媒体上出现了一种特殊关联,即"音癃",其深层结构,即古已有之的音乐关乎治疗。

二、风物之美,可以疗饥

游览名山大川,窥谷忘反。听到有游客催促:既不能当饭吃,有什么好流连的?不能领略个中景况滋味,也就不能进行"相看两不厌"的会心交流,人们不免会感到"煞风景"。《诗经》已经出现了这样的描写,山水风景,甚至具有"疗饥"效果。例如,《陈风·衡门》中有:"衡门之下,可以栖迟。泌之洋洋,可以樂饥。"樂饥,就是癃饥。《毛诗》经学训诂学家认为:"樂,借为癃。《列女传·贤明》引作癃。"② 实际上,也就是山水风物结构及其流动频率,在跟观赏者的情绪心境的调适过程中,进入了某种"同构""同频"的"和谐"境界。

---

① 从樂、藥、癃、療等繁体中,可以直观发现字符群之间的读音关联。下面所见医、醫、毉字组,保留繁体异体,亦出于同类关联考虑。
② 高亨注:《诗经今注》,上海:上海古籍出版社,1980年,第179页。

第三节　醫 酒 关 系

一、醫字结构演变及背后的观念

除了各味草药之间讲究协调配伍，"醫"字认知结构所体现出的观念史还有哪些讲究呢？

《说文·酉部》曰："醫，治病工也。殹，恶姿也，醫之性然。得酒而使，从酉。王育说。一曰殹，病声。酒所以治病也。《周禮》有醫酒。古者巫彭初作醫。"

从字形结构关系来看，醫字文献记录较早，见于秦汉简牍，形符为酉类，以殹为声符。从"酉"表示与酒有关，古人以酒为治病之媒。中古时期，又出现醫字，大体上从酉从监省形。具体使用记录，见于北魏石刻等，像醫，见于北魏吐谷浑玑墓志；醫，见于北魏于仙墓志。唐代又记录作醫，从巫殹声，因为古代巫、医原属同类。参见醫唐鲁谦墓志、醫唐裴琪墓志、醫唐匹娄思妻墓志。至于现代所使用的"医"，则是截取繁体"醫"的一部分而形成的简体，早期仅见于元代抄本。[①]

综合《说文》的结构分析，有几点值得注意：一是"治病工"，今天的说法就是"治病之官"，或者说是"负责治疗者"。古代的"百工"，就是所谓"百官"；二是酒是用来

---

① 《说文》另有"医"字，会意字，从匸从矢，本义为盛弓箭的器具。"醫"简化后与之同形。唐代《干禄字书》："醫醫医，上俗中通下正。"殹，今读 yì。匸，今读 fāng。

治病的，医官"得酒而使"；三是治病之医，来源于古代的巫师。

二、酒与医药——药引中介

基于上述结构分析可以明白，今天所说的"医生"之"醫"，缘何取于"酉"形？据《说文》的分析，酒是医生治病所用之药物。这一说法，自有其认知依据。例如，《曲礼》："有疾则饮酒食肉"；《汉书·食货志》："酒，百药之长"。段玉裁对此作了注解："医本酒名也。"显而易见，酒相当于药引中介。在一定条件下，甚至可以说"医"本来就是酒的另外一种名称。

三、配及配比——适配比例

"调配"字大量见于出土甲骨文金文。酒可以与某些药材相配济，使之发挥药效，于是"酉"构成"醫"字形符。《周礼·天官·酒正》载："辨四饮之物：一曰清，二曰医，三曰浆，四曰配。""医"与"配"相提并置，而配字也与配合之后酒性得到调节相关。例如，汉语里常见合成词有"调配""配伍""配合""配比"等。

配，甲骨文作：

；

金文作：

。

《说文·酉部》曰："配，酒色也。从酉己声。"显而易见，

字形结构为人体俯就酒器的会意类型。于是，有的学者就认为，"配"象人对着酒坛形，会调配酒的颜色之意。据了解，后世所谓"配比"一词，所指为组成液体或其他物体的各种成分在数量上的比例关系。①《说文·酉部》曰："酲，病酒也。一曰醉而觉也。从酉呈声。"是解铃端赖系铃者，而解酒也同样离不开酒类，即古人所谓"解酒以酲"之"酲"。

四、醉——调节分寸

酉符系列中，具有调和功能的还有一个"醉"字。对于今天的人们来说，似乎有些出乎意外。在有些地方的酒席上，似乎不醉不欢，酒客必至于"一醉方休"。有意思的是，虽然现在人们见到这个字马上产生饮酒过度状态的"反应"，事实上，至少汉代人还没有理解得如此简单。《说文·酉部》曰："醉，卒也。卒其度量，不至于乱也。一曰溃也。从酉从卒。"从酉从卒，卒兼有表音作用。"卒"义为终尽，表示饮酒尽量而不过量。由此看来，成语"酒醉饭饱""醉生梦死"的醉字，本来是指饮酒度量上的一种控制调和，量力而行的分寸掌握。②《尚书》的周代文献记录，就有一篇著名的《酒诰》，

① 配比，指组成一物的各种成分在数量上的比例关系。具有动词作用的"配伍"，则指医学上把两种或两种以上的药物配合起来同时使用，其中原理，是药物配伍之后可以加强药理作用、减弱毒性或刺激性、防止副作用、矫正恶味。这里讲的，其实也就是"和"的调和机制效应。

② "好乐无荒"，存在方向相反的两种解释：一边是强调爱好欢乐不要虚度辜负，一边是告诫沉湎欢乐而不要荒淫无度。后者显然需要协调控制。

康王诰戒殷商旧地土著，其中有"德将无醉"的训词，即强调饮酒"性其毋乱"①。《诗经》中关于"酒宴"的描写，有"宾之初筵"之语，就是讽刺醉酒不知分寸，不知过头，而失仪失言，乃至失德的醉态。

最后，我们了解一下醴酒与酒醪。《史记·扁鹊仓公列传》中有："臣闻上古之时，医有俞跗，治病不以汤液、醴灑。"讲的是治病过程中，汤液、醴灑，作用并列，地位相当。醴灑，可能也是药酒。②

其中还讲道："疾之居腠理也，汤熨之所及也；在血脉，针石之所及也；其在肠胃，酒醪之所及也；其在骨髓，虽司命无奈之何。今在骨髓，臣是以无请也。"这是指酒醪药力所及，也有其相应相合部位的讲究。

---

① 《尚书》九条本传文：以德自将无令至醉也。隋大业九年《席德将墓志》："君讳德将，字道行"，德将、道行，名字相应。《尚书》文献中"德"字本身尚处二柄多边的形态，《酒诰》中还有"中德"一词，即"德"字还有待于限定。"酒"亦有其德。唐大历八年《张愿墓志》："杂之以酒德，闲之以琴歌，得曼情而众宾解颐，无车公而满座不乐。"《论衡·语增》引作"德将毋醉"。德将无醉，犹言酒性其毋乱也。参见臧克和：《〈尚书〉文字校诂》，上海：上海教育出版社，1999年，第333—334页，"酒诰"脚注16。如此看来，"醉"字分寸出入，关乎德性淆乱。

② [日]泷川资言：《史记会注考证》，杨海峥整理，上海：上海古籍出版社，2016年，第3622页，注9：灑，当作"酒"。后人讹作"洒"，又讹作"灑"。灑，简作洒，洒、酒相近，形体轮廓同。洒，后作"洗"，较早见于战国楚简、西汉简等。灑，则见于《说文》小篆及南北朝隋唐刻石。"醴灑"并列，当作"醴酒"。《考证》所见作"灑"文本，当系《史记》后出文本。

第四节　巫 医 同 构

一、巫与毉

"醫"或可作"毉"，唐代刻石写作从巫作毉（见唐代刘遵礼墓志），也就是说，在功能等同的结构中，"酉""巫"二符可以互相替换，由此极为直观地体现出古人这样一种观念："酉""巫"在治疗过程中，就其作用而言，原本是一类。至于毉又从巫，则是表明古人曾以巫术治病，以巫师为医师。"巫"原具一体二边结构，人、神之间的沟通协调，就是其基本功能。

二、祝由与药方

与西医的"根除"方式不同，传统意义上的古代医疗，属于所谓"和解"的路数。长沙马王堆汉墓简帛文字中，记录了各种有针对性的祝由方术，可以说是对症下药，看疾施方。这些祝由方术，就其基本结构而言，一般包括用于转移的媒介物和诉诸治疗的祝由词。换言之，古代较早时期的医者治疗，其医理机制作用就是协调患者自身各个系统之间的关系，使人体各个系统之间恢复达到谐适平衡。物理上的调剂手法，祝由词的语言协调，心理上的调适，往往都会参与进来。基于上述需求，常常借助于部分道具。就其文体风格而言，其中多数祝由词属于叶韵的文体。①

---

① 《五十二病方》并非是指所包括的病方数量，而是指这类医学文献的52个篇章题目，每个题目都是治疗疾病方术的一个分类集合，（转下页）

在《五十二病方》中，有很多病的治疗都使用了祝由术。诸如"诸伤""婴儿瘛（瘲）""巢（臊）者""蛋""蚖""尤（疣）者""（癃）病""□烂者""痈""久疕"以及"魅"等，初计涉及13种之多，这在《五十二病方》中占了相当的比例。如果进一步分析，这13种病虽然都在治疗的时候使用了祝由术，但只有"魅"是纯用祝由术驱鬼，其他都是祝由术与药物治疗协调配适。①

（接上页）每类少则包含一两个病方，多则二十几个病方。将小类统计起来，可以得到280余方（其中包含残缺不完之方）。据医学研究者调查，这280余方涉及内科、外科、妇产科、儿科、五官科等现代医学分类科目。其中，被确认为包含祝由成分的病方有36个，具体分布情况是：诸外科外伤1方，儿科婴儿瘛1方，巢者1方，蛋2方，蚖3方，尤（疣）6方，瘤病2方，颓（癃）9方，□烂者2方，痈2方，漆3方，久疕1方，蛊1方，魅2方。占《五十二病方》总数的12.7%，主治13种疾病。参见周一谋：《马王堆医学文化》，上海：上海文汇出版社，1994年，第15页。

① 臧克和：《简帛与学术》，郑州：大象出版社，2008年，第171—172页，"祝由与治疗——汉墓简帛书所见疾病类型及治疗方术"。"祝由"，可换读为"祝咒"。就读音方法看，缓则为"祝由"为"祝咒"，促则为"由"为"咒"。所以，"祝由"二字，既可以连用，也可以分用。《素问·移精变气论》中，黄帝问曰："余闻古之治病，惟其移精变气，可祝由而已。"解释者以"由"为"致病之所由"云云，尚属粗浅。出土文献"由"字作为动词记录，帛书所用"由"字及"祝由"格式。

在马王堆汉墓帛书中，可以见到完整的祝由词，而且是"祝""由"分开使用的例子。如马王堆医书《五十二病方》97—98，《养生方》195—196，等等，其中《五十二病方》第22方，关于"阑（烂，即烧伤）者方"："热者由（帛书原形近"古"）曰：'胅胅诎诎，从灶出。毋延，黄神且与言。'即三渔之。"所用的"由"字，帛书即写作"古"。又如"古（辜）曰：辛巳日，三。曰：天神下干疾神女倚序听吾（语）某"。其中整理者将近"古"之形解释为"辜"。（转下页）

（接上页）其实，也是"祝由"字，功能跟"祝"是一致的。这些祝由方术，一般包括了用于转移的媒介物和诉诸治疗的祝由词，其中多数祝由词属于叶韵的文体。"由"字近"古"形，其实楚系文字在战国早期即出现"古"形接近"由"形的情况，如《曾侯乙墓》1号作䶒，从由从革，"由"符就接近"古"形。宋本《玉篇·革部》："䶒，除雷切，今作胄。"唐抄本《名义·革部》："䶒，除雷反。胄字。"

战国中晚期的郭店楚墓竹简《成之闻之》第28号简所用"（由）"字作䖝，《缁衣》篇"我弗迪圣"，以"迪"用作"由"，简文字形作从辵由声，而声符"由"形亦近䖝。上海博物馆藏《战国楚竹书》第一册《缁衣》第15号《吕型》员："䖝型之由。"其中"由"作䖝，用作"迪"。双向通用，可符验比照。《战国楚竹书·缁衣》有关字形用"胄"作由，而胄上部的由也写作接近"古"形。

汉字中的"和道"文化思想

第四章

"龢"类音乐和谐字

本部分从商周金文记录的"龢"字结构入手，分析"龢"作为乐器的体用关系，讨论乐器分类及相关音乐结构，重点考察"龢"带来的感官相通，进而能够招徕神物及禽兽的功能原理、源远流长的余韵嗣响，挖掘"和道"在音乐世界的深刻调和意义：凭借音乐达成尔汝群物、和谐贯注；引进新的元素，使得人、神或人、物关系得到调济，倍增音乐感染的效果。

第一节　"龢"字体用

一、商周金文"龢"字

检索商周金文数据库，得到 155 条"龢"字的使用记录，其使用频率系统地体现了商周时期"龢"作为礼乐器的重要地位。其中，包括 10 余处"龢"字是作为记录"燮和"词使用的。出土古文字相对而言较有代表性的字形结构及发展关系如下：

甲骨文

金文

战国楚简

甲骨文与金文所记录的龢，为从龠禾声的形声结构。到了战国楚简，已经使用从口禾声结构。① 《说文·龠部》曰："龢，调也。从龠禾声。读与和同。"本来指向音乐音调和谐，后来通过类比作用，广泛记录各个领域的调和机制、和谐境界。

二、"龢"之体用

龢字的声符跟盉、和等结构为同一"禾"符，已见第一章"禾"字认知结构分析。至于这个形符"龠"的独立使用，则是取得与乐器类的关联。或者说，在上述结构当中，指向各类乐器的调和，并非单一的门类。龠形对应的各个时期古文字形如下：

甲骨文

---

① 今以"龢"为"和"的异体，用于人名时，"龢"仍为规范字。

金文　　　　　　　　　　　　战国楚简　说文小篆

甲骨文大部分结构为独体象形，象甲由竹管编组成，中部有孔，吹奏乐器之形。金文即使用添加了亼符的结构，亼就是"集"字的古文，表示众多的合成。《说文·龠部》对此的分析是符合实际的："乐之竹管，三孔，以和众声也。"① 所谓"和众声"，意思是音乐调和，一定意味着要有"众声"，而非"单调"。古代政治家晏子认为，在"和"的机制里面，音乐相济和谐，跟上文所分析的滋味调和是一致的。②

第二节　"龢"的分类

一、吹奏部——龠与吹奏管乐

《说文·龠部》集合，其一标明了该部类体制属于竹制吹奏乐，其二揭示了音乐类的作用在于调和。

籥，音律管埙之乐也。从龠炊声。

龤，管乐也。从龠虒声。䶵，龤或从竹。

龢，调也。从龠禾声。读与和同。

---

① "丝竹"成词，即作为"音乐"的代表，龠字指向竹类。《玉篇》曰："龠，余酌切。乐之所管，三孔，以和众声也。《诗》云：左手执龠。今作籥。"即后来的认知结构，特别添加了竹符。具龠之体，即有音乐之用。

② 《左传正义·昭公二十年》中晏子对答齐景公关于"和"与"同"的差异问题。

龢,乐和龢也。从龠皆声。《虞书》曰:"八音克龢。"

这一类龠形字,分别指向了吹奏类型、管乐类型、调和作用、和谐效应等。其一以炊为声符,而炊与吹在这里是通用的。吹,出土古文字见于甲骨文金文:

甲骨文   金文

显而易见,就是人的口部运动状态,即嘴巴张大,并且为了突出这是指向口部气流运动,欠符所对应的位置,再合成口形。经过隶变楷化,"旡"符形态后来就被完全破坏,演变为一般抽象记号的"欠",见下列:

简牍文   石刻文   宋本《说文·
                                          口部》小篆①

相对而言,上列"炊"符,较"吹"出现为晚。以从炊得声结构,或许就是当时为"吹奏乐"类"吹奏横笛"的专用结构。后来"吹奏"方面的作用,又专业分化分工作歙。② 至于"炊",见《说文·火部》,指烧火做饭或烧好的饭。同为用力呼出气,可以通用为"吹",《说文·火部》认为"炊"结构

① 𣎴,唐写本《说文·木部》小篆;𣎴,宋本《说文·木部》小篆。可见"欠"部讹变,以宋本较为剧烈。
② 歙,《集韵》:"吹歙,姝为切。《周礼》作歙。"

是从火，声符是"吹"的省略。

其二包括管乐，这类乐器见于《说文》《玉篇》等字汇保存，竹部记录笛、笙、箫、管等字类：

笛，七孔筒也。从竹由声。羌笛三孔。① 可知笛子系管乐器之一，竹制，左一孔为吹口，次孔加竹膜，右六孔皆上出，又称之为"横吹"。

笙，十三簧。象凤之身也。笙，正月之音。物生，故谓之笙。大者谓之巢，小者谓之和。从竹生声。古者随作笙。此种管乐器，由簧片、笙管、斗子三部分组成，有圆形、方形等多种形制，笙管从十三至十九根不等，奏时手按指孔，吹吸振动簧片而发音，能奏和音，是民间器乐合奏的重要乐器。②

| 金文 | 说文小篆 | 武威西汉简文 |

箫，参差管乐，象凤之翼。从竹肃声。此种竹制管乐器，古代是用许多竹管编成，有底，也称排箫。后代的箫只用一根竹管制成，不封底，直吹，也叫洞箫。汉语常用词诸如"箫笛、洞箫、排箫"等。

---

① 笛，以由为声符，犹如"迪"字也以由为声符；滌，以條为声符，而條也以攸为声符；"甲胄"之胄，以由为声符，声训读"兜鍪"，就是"胄"字缓读。
② 笙作为管乐，得名于"生"，作用在合奏当中吹奏"和音"。此类关联，有助于认识"和道"的生命机制。

汉印	石刻篆文	说文小篆	说文古文	张家山西汉简

管，如篪，六孔。十二月之音。物开地牙，故谓之管。从竹官声。瑈，古者玉琯以玉。舜之时，西王母来献其白管。前零陵文学姓奚，于泠道舜祠下得笙玉管。夫以玉作音，故神人以和，凤皇来仪也。从玉官声。

竽，战国楚简、古玺文；管三十六簧也，从竹亏声。

簧，笙中簧也。从竹、黄声。古者女娲作簧。

篪，簧属。从竹是声。

箫，参差管乐，象凤之翼。《说文·竹部》作箾："虞舜乐曰箾。"肃、削声符之间替换，构成异体。

筒，通箫也。

籁，三孔龠也。大者谓之笙，其中谓之籁，小者谓之箹。[1]

箹，小管谓之箹。

筑，以竹曲五弦之乐也。[2]

---

[1] 《集韵·药部》：箹，乙却切。籥小者谓之箹。箹，小籁也。籁，合成词有"天籁"。箹，合成词"节约"，以"節箹"为较早形式。

[2] 关于《史记·刺客列传》易水送别，高渐离击筑的音乐效果，《史记会注考证》有一段关于七音调的协调关系援引《律吕本考》的解释说明："五声宫与商，商与角，徵与羽，相去各一律。至角与徵，羽与宫，相去乃二律。相去一律，则音节和。相去二律，则音节远。故角、徵之间，近徵收一声，比徵少下，谓之变徵。羽宫之间，近宫收一声，少高于宫，谓之变宫。"

筝，鼓弦竹身乐也。

按：筑、筝二字结构虽归竹部，但属于弦乐。有竹体，实际发挥弦乐作用，丝竹合一。

筎，吹鞭也。

䈕，吹箭也。

"管弦"并列结构，管也指向"管乐"一类。由此可以窥见上列龤即篴乐器形制。

按笙、簧、箫、管之类，物象之本，来源神圣，参见下文"龢能格物"部分。至于"龢龤"成词，则专为"和道"音乐功能所创制。①

二、聲与磬、鼓——打击部

1. 聲

甲骨文

《说文·耳部》曰："聲，音也。从耳殸声。殸，籀文磬。"聲，从耳从殸，殸兼表音。甲骨文从殸从耴，殸兼表音，"殸"为"磬"字初文，"耴"为"聽（听）"字初文。全字表示叩击悬磬，听之则为声。②战国简帛以"聖"为"聲"。简体"声"是截取繁体"聲"的特征性部分得到的。这个"简体"，较早北齐石刻文字已见使用记录。

① "龢龤"，即"和谐"的较早形式。
② 殸，今读 qìng；耴，今读 tīng；"耴"为"聽"字初文。作为现代简化字所使用"听"，原本跟"欣"字作用相同。

2. 磬: 作为打击乐的调济器

古文字记载,"磬"作为一种打击乐器,结构跟这个"聲"字系同一个声符"殸":

甲骨文

金文　　　说文小篆　　　籀文　　　古文

《说文·石部》曰:"磬,樂石也。从石、殸。象縣(县、悬)虡之形。殳,擊之也。古者母句氏作磬。殸,籀文省。硁,古文从巠。"磬字形声兼会意结构类型,从石殸声,殸兼有表意功能。甲骨文左上方象悬挂石磬之形,右下方从"殳",象以手持工具进行敲击,所敲击悬挂物体,为能发出乐音的玉石器:由此合成"磬"字初文结构。也有文字学家进而分析:悬挂的玉石器形,其上部还可以进一步分析出"生"符省略形。如果这样的分析成立,则是认为"聲"形也属一种形声结构。① 磬被古代音乐史研究者誉为"古代乐坛之王"。近年来,在河南、山西相当于夏代时期的古老遗址中,都有

① 硁,形声结构,从石巠声;巠,今读 jīng。"硁"本是"磬"的异体字,《说文》以"硁"为"磬"字古文。"磬"为乐石,而"硁"本义为敲打石头的声音,今读 kēng,标记象声词。另外,以殸为声符的汉字结构,还有成语"罄竹难书"之罄,以缶为形类,参见第五章第三节《"和道"与诗歌》。

石磬出土。山西夏县东下冯出土的石磬系打制而成，保留着原始风貌，其年代距今约 4 100 年；河南偃师二里头出土的石磬是磨制的，形制比较粗犷，其年代距今约 3 800 年。

上举各种乐器协奏，调济为和谐韵律。即使一种乐器的制作，同样也是各种协调反复适应的过程。以该处作为打击乐之一的"磬"为例，也是不断打磨调适的效果。礼学训诂考据学家根据东汉郑玄注释的《考工记》第六"乐器类"关于"磬"的体制比例的调济，分析得出其间磬氏对于"旁""端"的磨合协调过程：

其一，统一尺寸规格时，因材料差异造成音高偏离而采取磨端的纠正手段。材料的岩性不同，结构面的性质及组合情况不同，都直接导致声波速度、振幅、衰减等的不同。磨端可以提高那些因石料硬度较低或粒度较粗而偏低的音。

其二，可以纠正和补救做工的失误。

其三，保持磬的股、鼓部位一定程度的平衡。编磬悬挂时，让大小不一、参差不齐的磬块的受击部位保持在一定的水平线上，是使演奏便利的必要条件。所以，制磬必须使每件磬的股、鼓部位相对平衡，以便悬挂后与地平线呈一定角度。复原磬中有个别穿孔位置不当，悬挂后总有一端上翘过高，使演奏时磬槌的较快速运行受到影响。由此联系到个别商周磬上之所以有并列双孔的现象，显然就是古人为保持悬挂时达到一定平衡而穿凿的。当穿孔偏差较大，便另作一孔；若偏差较小，将孔略微向一方扩大，也可以补过；而穿孔偏差程度介于以上两种情况之间时，反而难以将就，只有先以磨端的办法调剂，再结合磨旁抵消因磨端而提高的音频。①

3. 鼓：作为打击乐与季节时令的调济

鼓字的特殊功能，就在于可以用来记录所有打击乐的动作。例如，"鼓琴""鼓瑟"之类，就是关乎弦乐。至于"鼓吹"，即鼓吹乐，古代器乐合奏曲称鼓吹，也用来记录所特指的《乐府诗集》中的鼓吹曲，用鼓、钲、箫、笳等乐器合奏。

《说文·鼓部》曰："鼔，郭也。春分之音，万物郭皮甲而出，故谓之鼓。从壴，支象其手击之也。"《周礼》六鼓：雷鼓八面，灵鼓六面，路鼓四面，鼖鼓、皋鼓、晋鼓皆两面。""鼓，击鼓也。从支从壴，壴亦声。"

三、音与音乐结构

1. 音字关乎材质节律

根据乐器制作材料的不同，古代有"八音"即金、石、丝、竹、匏、土、革、木八种材质的乐器，由此可以泛指所有音乐。②

"声音"合成词结构。音，在《乐记》里专指五个音阶相调济和谐的音乐。例如，《礼记·乐记》载："凡音之起，由人心生也。"郑玄注："宫、商、角、徵、羽杂比曰音。"

---

① 汪少华：《〈考工记〉名物汇证》，上海：上海教育出版社，2019 年，第 519—520 页，引自冯光生、徐雪仙：《战国曾侯乙墓编磬的复原及相关问题的研究》，《文物》1984 年第 5 期。

② 《尚书·舜典》："八音克谐，无相夺伦。"《周礼·春官·大师》："皆播之以八音：金、石、土、革、丝、木、匏、竹。"郑玄笺注："金，钟镈也；石，磬也；土，埙也；革，鼓鼗也；丝，琴瑟也；木，柷敔也；匏，笙也；竹，管箫也。"五色可以相互映衬而得到凸显，而八音的协调和畅，就在于五音各适物宜。

金文

金文"音"类符中，添加一指示符号，以示有所节奏，构成"音"的形象结构。① 《说文·音部》曰："𭶚，声也。生于心，有节于外，谓之音。宫商角徵羽，声；丝竹金石匏土革木，音也。从言含一。"

2. 章、竟、韶、韵及音乐单元结构

按照汉代文字学家分析，这类字形结构，都属于"音"部，也都与音乐相关联。

金文

战国楚简　　　　　　　　古玺文

《说文·音部》曰："𩐞，乐竟为一章。从音从十。十，数之终也。"分析小篆会意字，从音从十，作为音乐单位标记。但是，观察金文到战国楚简的字形结构，其辛、日上下两部分是穿插组合在一起的，并非音符与十符并列而成。在汉字发展史上，这类组合方式一直延续到隋唐。例如，章见

---

① 《礼记·乐记》："乐者，心之动也；声者，乐之象也；文采节奏，声之饰也。"参见本章第三节对"乐象"的讨论。

于隋田光山妻墓志、**章**见于唐崔杨墓志。唐代字样学《干禄字书》："童章，并上通下正。"① 根据"章"形分化出来的相关结构有"彰""璋"等。有人认为，金文为象形字，象以刀具在圆形玉器上雕凿花纹之形，"辛"即刀具。

"章"字本不从"十"。"十"为两位数之始，"九"则为基数之终（究，终究、究竟）。《素问》里面就讲过："天地之至数，始于一，终于九焉。"《尚书·皋陶谟》载：箫韶九成，凤皇来仪。敦煌本"伯3605"孔传：韶，舜乐名。《书古文训》韶作韺，二字皆从召得声，从音、从殸，所指为乐。箫，《说文·竹部》作箾：虞舜乐曰箾。《书古文训》与此同。九成，郑玄笺："成，犹终也。每曲一终，必变更奏。若乐九变，人鬼可得而礼。"如此，"九"才是基数之终。古代原始思维，数多不过三，而倍三为九，九也就有资格成为数学基数系列的终极之数："九，数之究也。"

参考上列金文字形结构，都有"辛"符参与构成。基于此，《说文》以"乐章"为"章"字的本义，传递的或许只是汉代人的认知观念水平。"章"字从辛，当是传达"辛"作为一种标识工具，可以给事物打上鲜明的标识之义。从"辛"构形的一系列文字符号发生联系。上面说过，"章"字的"辛"符为刻画标志的工具。而在一系列文字符号中，有了"辛"这个字符，往往意味着刻上花纹，即有"章"（即彰）

---

① 古文字穿插组合结构类型，有"橐"（从束形穿插于固声符中间。固为橐之初文，从口石声）战国楚简郭店楚墓简牍也使用以毛为声符的初文结构），《说文》小篆的"柬"字形结构，等等。

义，也就能作标志之用。汉语中"辨章"一词，即含此义。

与"音"符密切关联的还有"識"。合成词有"标識"，就是表明记号，金文作，战国楚简作。由"戈"符替换为刀具"辛"符，会合"言"或"音"符，会合起来的意思，则是表示以"戈"器刻画款识，以为语言标识，后来又重复"言"符构形为"識"，突出语言标识的功能。增加"旗巾"标识，则传递"旗幟"的作用，源头上还是相互贯通的。

基于"文章"之"章"的本义认识分析过程，大体可以理出这样一条线索："文章"之"章"的本义是"彰"，章构成为彰的初文。总的来说，章的认知结构，具有内在传达于外部的协调统一作用。①

竟，《说文·音部》结构分析为："䇂，乐曲尽为竟。从

---

① "商品"之"商"字的古文结构，也是由"辛"符组成的。《类篇·冏部》录存以"商"为"刻"等标记功能："商，《说文》：从外知内也。一曰刻也。一曰契所封地名。亦姓。一曰微音之所生。古作𧶜𧷴𧷴𧷴𧷴𧷴。"按："契"亦是用辛刻画，后来写作"锲而不舍"、"锲刻"之"锲"。两义正相应。清代学者考证说："《周礼》漏下三商为昏，俗作商读三滴，非。《正字通》商乃漏箭所刻之处，古以镂刻为商。所云商金、商银是也。刻漏者，刻其痕以验水也。"杭世骏《订讹类编》卷三（1986 年上海书店据《嘉业堂丛书》影印），"字讹类""三商"条。又如童、妾、宰等一系列文字符号均有"辛"这一组合成分，也就是说，它们均被刻画上了显示自己身份的标志。郭沫若曾经考释"辛"为黥墨刺字的刀具。在奴仆们额面上刻画文饰，实际上也是打上了某种标识。现代汉语中图章、徽章、校章、领章、勋章、奖章、规章、章程、证章、印章……这些合成词中的"章"字，仍然保留了"著明"的基本含义，这是可以与我们上述关于"文章"之"章"的考察相印证的。参见臧克和：《汉字单位观念史考述》（修订版），上海：学林出版社，1998 年，第 1—4 页，"文"字类释。

音从人。"

作为曲终结束时的境界，亦属音乐单元。词语合成结构，有"毕竟""究竟""竟成"。《周礼·春官·乐师》："凡乐成则告备"，汉代郑玄笺释："成，谓所奏一竟。"成韵，作为教育机构，古代由大司乐掌管。《周礼·春官·大司乐》："大司乐掌成均之法，以治建国之学政，而合国之子弟焉。"

关于韶，《说文·音部》曰：韶，虞舜乐也。《书》曰：箫韶九成，凤皇来仪。敦煌本"伯3605"孔传：韶，舜乐名。《书古文训》韶作磬，二字皆从召得声，从音、从殸，所指皆为乐。

韻的字形结构及出土实物记录相对晚出：

北魏和醜仁墓志　北魏元斌墓志　北魏吐谷浑玑墓志　北魏元文墓志

东魏王令媛墓志　北齐法勤塔铭　北齐高淯墓志　唐贾统墓志

显而易见，"韻"是记录音乐调和效果的专字。汉代《说文·音部》没有记录，只是在宋代人的新附部分可以见到这样的记录："韻，和也。从音员声。裴光远云：古与均同。未知其审。"

韻字所从构声符"员"，有取于出土的王朝重器：

甲骨文　　　　　　　　　金文

至于后来被当作简化字的"韵"，《玉篇·音部》有记录："韵，为镇切。声音和曰韵。"结构类型，属于从音匀声。今以"韵"为规范字，较早见于唐代刻石。

在艺术史上，韵字作为"和谐的声音"或者"声音的应和"，早就广泛使用于音乐、诗赋、文章、绘画、书法及人物的品评过程当中，自然有先有后，具体参见第五章第三节中的"韵的调和"。

对照出土实物所记录字形结构使用年代，较早应该是用"均"字来记录的。均，属于土部，而土即八音之一，器形以"缶"类为代表。作为乐器，"均"为古代校正乐器音律工具。由此体制，自具调韵功能。①

金文

战国楚简

---

① 《国语·周语下》："王将铸无射，问律于伶州鸠。对曰：'律所以立均出度也。'"韦昭注："均者，均锺木，长七尺，有弦系之以均锺者，度锺大小轻浊也。"清代周亮工《因树屋书影》卷十："均长八尺，施弦以调五声。"《楚辞·惜誓》："二子拥瑟而调均兮，余因称乎清商。"王逸《章句》："均，亦调也。"《玉篇·土部》："均，居迍切。平也，等也，遍也。《周礼》曰：均其稍食。注云：均犹调度也。董仲舒曰：五帝之学曰成均。又燕齐之北赋敛平曰均。"

古玺文　　　　　　　　　　　说文小篆

"均"字的构成方式，属于会意兼形声的类型，从土从匀，其中"匀"符又兼示读音。认识这个结构，也需要经过一个"意会"过程。金文大部分结构以匀符包孕土形，其中有的匀符中添加○形，这个○形是"员"的声符，也就是上文所说"韻"字声符。战国楚简，转型为上下结构。① 古玺文转型固定为半包围或左右结构，其中"土"形或改为"立"形，声符"匀"或改换为"旬"。

基于上述比较与讨论，大体可以推断：艺术史上凡是使用"韻"字记录的文献，最早不过南北朝时期，较早记录应该使用"均"形结构。参见第五章第三节中的"韵的调和"。

第三节　　"龢"：感官相通

听觉与味觉跨界联通，较早的记载，见于《左传·昭公二十年》晏子对答齐景公的文字："声亦如味（水火醯醢盐梅，以烹鱼肉，燀之以薪，宰夫和之，齐之以味，济其不及，以泄其过），一气、二体、三类、四物、五声、六律、七音、八风、九歌以相成也，清浊、小大、短长、疾徐、哀乐、刚柔、

———————

① 员形，取自鼎器口部之圆，自上往下透视形，见正文所列具甲骨文金文结构。

迟速、高下、出入、周疏以相济也。"上文"盉"字类部分讨论"味觉"世界的"和道"，提到《论语·述而》"子在齐闻《韶》，三月不知肉味，曰：不图为乐之至于斯也"。

在文化艺术史上，上古音乐的产生途径大体可分为两个类型：一是劳动的调节，一是人神的谐和。通过祭祀，沟通天人之际。诉诸视听知觉，也有烟火与音乐两种途径。

一、音乐赋予形状

从事艺术史教育工作的人，对《尚书·舜典》中关于音乐教学基调协调的描述都很熟悉：

> 帝曰："夔！命汝典乐，教胄子，直而温，宽而栗，刚而无虐，简而无傲。诗言志，歌永言，声依永，律和声。八音克谐，无相夺伦，神人以和。"

这段文字记录中提到的"典乐"，是当时的一种官职名称。典，动词，指主持、掌管，此指掌管朝廷的音乐事务。

"直而温，宽而栗，刚而无虐，简而无傲"数句，揭示音乐的效果特点。直而温，足利本传文：教之正直而温和。宽而栗，栗、战栗也，内野本传文：宽弘而能庄栗也。四句都是描写音乐效果，犹如《左传·襄公二十九年》季札论乐："为之歌《大雅》，曰：曲而有直体。"

讲到音乐效果，描写最具形象的文献则是《礼记·乐记》："故歌者，上如抗，下如队，止如槁木，倨中矩，句中钩，累累乎端如贯珠。"孔颖达《正义》对此作了具体解释：

声音感动于人，令人心想其形状如此。将原始听觉音乐赋予视觉形状。各种感官挪移兼职，感受共产，也许正是古人指称音乐的一个特点。[①] 又见第六章第三节关于"声为乐象"的脚注。这里之所以分析到这一点，主要是对作为不同感官之间也存在调节互济现象的关注。又参见第六章第三节中的"乐象：声为乐象"。

另外，从句法结构来看，两端中间加"而"字表示转折、控制，犹古书中的"怨而不怒""乐而不淫""哀而不伤"……结构一律，使致"中和"，也许《尧典》是现存最早表述这类关系的传世文献。参见第六章第四节《"和道"机制下的语言结构》。

其余像"依永"，谓乐声之高低抑扬依随歌咏而变化；"和声"，调和声调，即协和声调；"克谐"，意思是能和谐。

二、神人以和

音乐不但通感官，还可以和人神。所谓"神人以和"，其中对"以和"直接的理解，其结构意义是以（之）谐和，指人神之间凭借音乐达成和谐交流，实现听者共鸣。参见本章第四节。

第四节　人与自然："穌"能格物

"和道"，不啻生命法则。前面关于笙、簧、箫、管之类，

① 钱锺书：《七缀集》，上海：上海古籍出版社，1994 年，第 66 页。

所取物象，原本具有神圣属性。由此，上古音乐乃至乐器，往往具备一种感动并招徕外物的特殊功能。格物：使外物来。格，《尚书》用字数十次，为高频词记录。[1]

击石拊石，百兽率舞：《释文》敦煌本作衛翌，注为古舞字。敲打石磬，使得百兽相率起舞。音乐和谐之声，感动群兽相率起舞，描摹的是音乐感染效果。[2] 磬字结构，从石殸声，已见上文。

一、凤凰来仪

《尚书·皋陶谟》记载了音乐协调的神圣作用：

> 夔曰："戛击、鸣球、搏拊、琴瑟，以咏。"祖考来格，虞宾在位，群后德让。下管鼗鼓，合止柷敔，笙镛以间，鸟兽跄跄。《箫韶》九成，凤皇来仪。夔曰："于！予击石拊石，百兽率舞，庶尹允谐。"

其中所注意诸点，可以作如下理解：

祖考来格——祖先神降临来至。古人信仰音乐通神，乐器神圣，为降神、来物的方式之一。内野本孔传：此舜庙堂之乐也，民悦其化，神歆其祀，礼备乐和，故以祖考来至明之也。

鸟兽跄跄——敦煌本"伯3605"孔传记载：鸟兽化德，相率而舞跄跄然也。跄跄，形容动态。鸟兽感于乐声而动，

---

[1] 臧克和：《〈尚书〉文字校诂》，上海：上海教育出版社，1999年，第685—705页，第三部分"释'格'"。

[2] 《列子·黄帝》："尧使夔典乐，击石拊石，百兽率舞，《箫韶》九成，凤凰来仪，此以声致禽兽者也。"

音乐可以感动鸟兽。

《箫韶》九成——《说文·音部》有云：韶，虞舜乐也，《书》曰：箫韶九成，凤皇来仪。敦煌本"伯 3605"孔传：韶，舜乐名。《书古文训》韶作磬，二字皆从召得声，从音、从殸，所指为乐。箫，《说文·竹部》作箾：虞舜乐曰箾。《书古文训》与此同。九成，郑玄笺："成，犹终也。每曲一终，必变更奏。若乐九变，人鬼可得而礼。"

凤皇来仪——来仪，使得凤凰来舞而有容仪，古人往往以此为祥瑞之应和。《正义》："箫韶之乐作之九成，以致凤皇来而有容仪也。"敦煌本"伯 3605"孔传记载：雄曰凤，雌曰皇，灵鸟也。仪，有容仪。备乐九奏，而致凤皇，则余鸟兽不待九而率舞。因此，凤皇被招致，表征为音乐感物以至于来物的固定认知结构。①

予击石拊石，百兽率舞——郑玄注：磬有大小，予击大石磬，拊小石磬。《尔雅·释乐》有云：大磬谓之馨。

二、音乐调和

凭借音乐达成尔汝交流和谐贯注；引进其他新的元素，使得人、神或人、物关系得到调济，实现共鸣，加倍渲染音

---

① 《诗经》时代，风雅颂分类中的"颂"，即指诉诸形容的舞蹈，形容关乎仪表。后来，"来仪"用作一般行为动词，多为"使动用法"。隋开皇九年《封祖业妻崔长晖墓志》："地实姜齐，来仪姬晋。"来仪，使……来。隋大业十年《王光墓志》："生容淑美，长性维贤。来仪贵室，奉荐机莚。心特仁孝，手理丝绵。"是后世"来仪"对象可指人物。本部分所援引《尚书》文字及解释文本，见臧克和：《〈尚书〉文字校诂》，上海：上海教育出版社，1999 年，第 59、69—72、94—95、95—97 页"尧典""皋陶谟"。

乐效果。

古代文献中记录保存了这类"人神以（之）和"的关联协调。包括文学艺术作品，说到乐舞的效果，往往会提到招致鸟兽及山水等参与进来。例如，《周礼·春官·大宗伯》云："以乐……以致百物"；《大司乐》云："凡六乐者，一变而致羽物及川泽之示……"；《吕氏春秋·古乐》云："帝尧立，乃命质为乐……乃拊石击石，以象上帝玉磬之音，以致舞百兽。"

历代文学辞章，凡写到音乐效果，其中"神人以（之）和"，所吸引的不止天空的禽鸟，还包括深水的鱼蛟，等等。大致有两种类型：一是两种能量传递，将音乐诉诸鸟兽的活动，一是直接将鸟兽的鸣叫比喻为音乐的声响。前者在艺术史上较为多见：

鸟舞鱼跃。《列子·汤问》载："瓠巴鼓琴，而鸟舞鱼跃。"瓠巴亦作"瓠芭"，传说为春秋时楚国著名琴师。意思是瓠巴弹琴的时候，鸟儿听了跳舞，鱼儿听了跳跃。

喧啾百鸟。唐代韩昌黎《听颖师弹琴》云："昵昵儿女语，恩怨相尔汝。划然变轩昂，勇士赴敌场。浮云柳絮无根蒂，天地阔远随飞扬。喧啾百鸟群，忽见孤凤皇。跻攀分寸不可上，失势一落千丈强。"

有动有静。唐代李长吉《李凭箜篌引》云："吴丝蜀桐张高秋，空山凝云颓不流。江娥啼竹素女愁，李凭中国弹箜篌。昆山玉碎凤凰叫，芙蓉泣露香兰笑。十二门前融冷光，二十三丝动紫皇。女娲炼石补天处，石破天惊逗秋雨。梦入神山教神妪，老鱼跳波瘦蛟舞。吴质不眠倚桂树，露脚斜飞湿寒兔。"

蛟舞人泣。宋代苏轼《前赤壁赋》云："客有吹洞箫者，倚歌而和之。其声呜呜然，如怨如慕，如泣如诉，余音袅袅，不绝如缕，舞幽壑之潜蛟，泣孤舟之嫠妇。"①

归于静止——鸟雀栖息。清代吴敬梓《儒林外史》第五十五回《添四客述往思来，弹一曲高山流水》中有："于老看替荆元把琴安放在石凳上。荆元席地坐下，于老者也坐在旁边。荆元慢慢的和了弦，弹起来，铿铿锵锵，声振林木，那些鸟雀闻之，都栖息枝间窃听。弹了一会，忽作变徵之音，凄清宛转。于老者听到深微之处，不觉凄然泪下。"

作用动态——鸟鸦惊飞。清代曹雪芹《红楼梦》第二十六回有的版本描写林黛玉《葬花词》的感染力，依然保存了这种侧面感染效果的写法："原来这林黛玉秉绝代姿容，具稀世俊美，不期这一哭，那附近柳枝花朵上的宿鸟栖鸦一闻此

---

① 余音悠扬婉转，余韵细微如丝线，使得深渊潜伏的蛟龙随声舞动，让孤舟的寡妇哭泣起来。呜呜，象声词，多形容低沉的声响。如怨如慕，犹如思慕。如泣如诉，如哭泣又如诉说，比喻声音哀怨凄切。余音，不绝之音，感人至深之音。袅袅，悠扬婉转。不绝如缕，形容声音或思绪微弱。舞，动词活用，使动用法，使潜蛟起舞；泣，用法同，使寡妇哭泣。幽壑，深谷，此指长江深渊处。嫠妇，寡妇。赋音乐，排比比喻，且有发展有层次，此为苏轼比喻繁富相互调济的一个特点。由近及远，由实写到虚写，由音乐形象到感染效果：状声呜呜，第一层实写；如怨如慕，如泣如诉，余音袅袅，不绝如缕，第二层赋予音乐以听觉形象；舞潜蛟，泣嫠妇，第三层附加音乐感染效果。

声，俱忒楞楞飞起远避，不忍再听。"①

　　飞鸟水虫，或动态，或静止，方向相反，皆由音乐作为能量交互传递调和作用。后世作品里所谓"沉鱼落雁"，只是发展了"静止"力量的一面。例如，唐代温庭筠《更漏子·柳丝长》曰："柳丝长，春雨细，花外漏声迢递。惊塞雁，起城乌，画屏金鹧鸪。"骚动不安，与悠然事外组合。调节方式同样充满张力，只是已经无关音乐。

---

① ［清］曹雪芹著、［清］无名氏续：《红楼梦》，北京：人民文学出版社，2008 年，第 360 页。

汉字中的"和道"文化思想

第五章

"和道"艺术观

第一节　"和道"与服色

一、糸类作为色彩载体

古代著色傅彩，通常依待于丝状物体。参见《说文·糸部》的集合：

綺　文缯也。从糸奇声。

縠　细缚也。从糸毂声。

縛　白鲜色也。从糸专声。

縞　鲜色也。从糸高声。

縵　缯无文也。从糸曼声。《汉律》曰："赐衣者缦表白里。"

繡　五采备也。从糸肃声。

絢　《诗》云："素以为绚兮。"从糸旬声。臣铉等案：《论语》注："绚，文貌。"

繪　会五采绣也。《虞书》曰："山龙华虫作绘。"《论语》曰："绘事后素。"从糸会声。

縷　白文皃。《诗》曰："缕兮斐兮，成是贝锦。"从糸妻声。

䋛 绣文如聚细米也。从糸从米，米亦声。

絹 缯如麦稍。从糸肙声。

綠 帛青黄色也。从糸彔声。

縹 帛青白色也。从糸奥声。

⿰糸育 帛青经缥纬。一曰育阳染也。从糸育声。

絑 纯赤也。《虞书》“丹朱”如此。从糸朱声。

纁 浅绛也。从糸熏声。

絀 绛也。从糸出声。

絳 大赤也。从糸夅声。

綰 恶也，绛也。从糸官声。一曰绡也。读若鸡卵。

縉 帛赤色也。《春秋传》“缙云氏”，《礼》有“缙缘”。从糸晋声。

綪 赤缯也。从茜染，故谓之綪。从糸青声。

緹 帛丹黄色。从糸是声。玽，缇或从氏。

縓 帛赤黄色。一染谓之縓，再染谓之䞓，三染谓之纁。从糸原声。

紫 帛青赤色。从糸此声。

紅 帛赤白色。从糸工声。

繱 帛青色。从糸蔥声。

紺 帛深青扬赤色。从糸甘声。

綥 帛苍艾色。从糸畀声。《诗》曰：“缟衣綥巾。”未嫁女所服。一曰不借綥。綦，綥或从其。

繰 帛如绀色。或曰深缯。从糸喿声。读若喿。

緇 帛黑色也。从糸甾声。

緅 帛雀头色。一曰微黑色，如绀。纔，浅也。读若谗。从糸毚声。

綃 帛雅色也。从糸剡声。《诗》曰："毳衣如璪。"臣铉等曰：今俗别作毯，非是。

縓 帛戾艸染色。从糸戾声。

紑 白鲜衣皃。从糸不声。《诗》曰："素衣其紑。"

綖 白鲜衣皃。从糸炎声。谓衣采色鲜也。

繻 缯采色。从糸需声。读若《易》"繻有衣"。臣铉等曰：《汉书传》：符帛也。

縟 繁采色也。从糸辱声。

这些表征颜色的汉字认知结构，有相当比例原本就是指向复合色，即各类颜色之间存在调和过渡。这类关联人们从物理光学视角看习以为常，因为自然界的光谱，其长短分化原本有待于受光体之间形成不同层次的过渡调和。还有的色彩物体直接就是不同材质之间的调和，如缛、绘诸字。①

中国古代表示颜色的文字系统，多以"糸"类充当义符。《说文解字·糸部》曰："糸，细丝也，象束丝之形。""丝"即服饰的质料，初民以此表征颜色，以其乃是著色博彩的主要对象，观物取象，原是极为自然的事情。人们不禁要问：能够表示颜色的事物很多，中国古人为什么偏偏选择和颜色的联系并非十分紧密的"糸"（束丝）状物来充当其代表呢？我

① 物色，在《礼记·月令》中即指作为祭品的牲畜毛色："〔孟秋之月〕乃命宰祝，循行牺牲，视全具，案刍豢，瞻肥瘠，察物色。"实际上古人据物体颜色以观察分类，即"物色"也作为动词使用。

们只要将上列文字部类与六艺群经古训进行联系比较，立刻会发现，这种名物原则与儒学体系中所隐括规定程序化的先民的服色制度、服饰习尚存在着内在的关联。

《尚书》记载着"唐虞象刑"。今天我们看到的《十三经注疏》本作"象以典刑"，唐人虞世南《北堂书钞》引作"唐虞象刑"，并作校勘记云："今案见陈恭甫疏证本卷一，俞本注疏大舜云：象以典刑，殊谬。"依据《北堂书钞》辑录，唐抄本《尚书》至少还列出如下的"象刑"具体内容："犯墨者，蒙帛巾"；"犯劓者，赭其衣"；"犯膑者，以墨蒙其膑"；"犯大辟者，布衣无领"……皆关涉服饰颜色。《尚书·益稷》载：

> "帝曰：……予欲观古人之象：日、月、星、山、龙、华、虫、作会，宗、彝、藻、火、粉米、黼、黻、絺、绣，以五彩彰施于五色，作服。"传："欲观示法象之服制。日月星为三辰；华象草华；虫，雉也。画三辰山龙华虫于衣服旌旗。会，五彩也，以五彩成此画焉。宗庙彝尊亦以山龙华虫为饰。会，胡对反，马郑作绘。彝，音夷，马同。郑云：宗彝，虎也。藻，水草有文者，火为火字，粉若粟冰，米若聚米，黼若斧形，黻为尔己相背，葛之精者曰絺，五色备曰绣。藻，音早，本又作薻；粉米，说文作黺黺，徐（按大徐本）米作絑……白与黑谓之黼……黑与青谓之黻。天子服日月而下诸侯，自龙衮而下至黼黻，士服藻火，大夫加粉米。上得兼下，下不得僭上。以五彩明施于五色，作尊卑之服。"

而且服饰具有"副其德、彰其功""显其仁、光其能"的功效，我们只要再列出《说文解字》所著录《巿部》和《黹部》两类，即可明了：色彩有待于服饰，且所关事体也大。

> 巿：韠也，上古衣蔽前而已，巿以象之。天子朱巿，诸侯赤巿，卿大夫葱衡。从巾，象连带之形。韍：篆文巿，从韦从犮。俗作绂。
>
> 韐：士无巿有韐，制如榼，缺四角，爵弁服，其色韎，贱不得与裳同……从巿合声。

按段玉裁所援引经传古注，这类字之构造，往往还体现着其名物之原。“巿”下注：“郑曰：韠之言蔽也。”而其异体构形联系，还体现其形制、质料。段氏认为，“巿”为古文，而由“巿”到“绂”，不啻昭示由“皮韦”到“丝织”之演进。又“韐”从“合”受名，段氏注：“郑云，合韦为之。则形声可兼会意。”前具《糸部》字系，亦体现着这一推迹名物之原的特征。例如：“绘，会五彩绣也……从糸会声。”又“絥，绣文如聚细米也，从糸从米，米亦声。”又“绢，缯如麦稍，从糸，肙声。”再如“绮”：“一曰育阳染也，从糸，育声。”他如“絑，《虞书》‘丹朱’如此，从糸，朱声。”皆或直接或间接地体现着经学家追索名物之迹的努力。还有《黹部》与服饰颜色的关系为最切近者，亦可由此窥见服饰的特殊功用。

> 黹：箴缕所紩衣也，从㡀，丵省，象刺文也。按段氏注：“《韵会》有此四字。丵者，丛生艸也，针缕之多象之。”
>
> 黼：会五彩鲜色，从黹虘声。《诗》曰：衣裳黼黼。

按段氏注及“黼”字经本义的解析，我们平日称道服饰

"衣冠楚楚"的本字,应该就是这个"黼":"《曹风·蜉蝣》曰:衣裳楚楚。传曰:楚楚,鲜明貌。许所本也。黼其正字,楚其假借字也。""黼"从虘得声,虘又从且得声,且古音清母鱼部,"楚"从疋得声,古音初母鱼部:两字音近,例可通假。

　　黻:黑与青相次文。段注:"《考工记》文。"

　　黼:会五彩缯也,从黹卒声。按朱骏声注云:"会五彩缯色,从黹綷省声。按卒声字亦作綷。《方言》三:綷,同也,宋卫之间曰綷。《大人赋》:綷云盖如。注:合也。"是"黼"字结体,亦体示名物之原也。

　　黺:袗衣山龙华虫。黺,划粉也。从黹,分声。段氏注:"《皋陶谟》曰:日、月、星、辰、山龙、华虫作绘。宗彝、藻火、粉米、黼黻、絺绣。郑注云:画者为绘,刺者为绣。绘与绣各有六。"

　　清代训诂学家钮玉树在《段氏说文注订序》中就明确揭示过:"许书解字,大都本诸经籍之最先者。"由《说文》有关部类建构的"服饰颜色"的"语义场",与六艺群经古训相印证,推迹名物,适反映出中国古代社会服装颜色具有明尊卑、别贵贱、分等级、志身份的礼仪功用,由此复综蕴涵,决定了中国古人对服色的敏感与重视,而这种敏感与重视,又反过来促进服色种类认识及其功能扩展。如是,便使先民积累了这样一种观念意识:颜色与服装总是存在着特别密切的关联。这种观念意识作为"深层结构",投射凝集到了文字体系上,便是诸多以形声方式构成的颜色字均以代表服装质料的"糸"来充当义类符号。要是会通起来观察，就会发现颜色讲究协调，较传世典籍记载显得尤为纯粹鲜明。①

二、心理物理，异质同构

《说文·糸部》所存储的认知结构，还存在一种作用，像"思绪""愁丝恨缕""纠结""絓结""情绪"等，古代文士赋愁，每每以委曲絓结若丝状物为体，曰"栏杆十二曲""江流曲似九回肠"，曰"心絓结而不释"等，即目挑心与，传情输款，亦作寄托"青丝一缕"，"解释春风无限恨"。从中会发现"思惟"活动，现代汉语多记录作"思维"，看来有待于赋形"丝状"物体。

前面所说"异质同构"，此为又一类型：物理与心理之间，存在着"和道"影响。像"绐"字认知结构，亦属类比方式构建联系：以丝状物之"松缓"，类比人体之"劳顿疲软"。②

---

① 臧克和：《汉字单位观念史考述》（修订版），上海：学林出版社，1998年，第20—23页，第一部分第三节。

② 《宋本·糸部》："绐，徒恺切。疑也，欺也。"《说文》："绐，丝劳即绐。从糸台声。"《篆隶万象名义·糸部》："绐，徒恺反。疑也。缓也。"《宋本》义项"欺也"，实际是解释"诒"字，《名义》设"缓也"项，而不设"欺也"项，是符合南北朝文字使用实际的。《宋本》《名义》皆不取《说文》立项，大概是《说文》释义过于费解："劳"字惯用于人事，而不常施于一般物体之故。"丝劳"，劳犹劳损之劳，今语所谓"丝物破旧"。《名义》义项"缓也"，即本地风光，无待远求："劳，力高反。疲事也；疾剧也；懒也；助也。""松散疲软"状态，类比而无间写人赋物。其实，在"劳民伤财"一类结构中，"劳伤"皆有损敝义。齐东方言中，描述物体陈旧不结实的状态，俗语称"絮绐"（记音），懒散不成形状谓之"埋绐"（记音）。本字皆当作绐。绐、怠记录同源词，又将心理与物理类比来看，理有相通。

第二节 "和道"与文章

一、人文：形式与内容之间的协调

人文，质言之，即形式与内容之间的协调。

《说文·文部》曰："，错画也，象交文。"早期出土文字有下列形体：

甲骨文

金文

战国楚简

古玺文　　　　　　古陶文

古币文　　　　　　侯马玉石盟书

对比来看，人、大、天等以独体象形标记人体的重要结构类型，虽然也体现着某种对称性，但没有依靠形体自身的交错这一特点加以指事意会体现。

因此，这里应该特别关注甲骨文象人体对称交叉，胸部有交错纹饰。金文中间纹饰交错部分或作"心"形，标志文章之用心；金文或加"王"旁，为"文王"之"文"专字。战国楚简有一个将内部"心"形移到右上角的结构，即后世隶定楷化的忞形结构。《说文》小篆省去交错纹饰，隶变楷化作"文"。换言之，人体的对称交错，所形成的结构，本身就是"有意味"的形式。

二、"和道"：在文、言、心符之间

一个"文"字，包孕并协调了内在内容与外在形式之间的关系。

上海博物馆所藏《战国楚竹书》第一册《孔子诗论》，在第一简文字中有一个由"文"和"心"符构造的左右结构，并不像编者所隶定的上口下文的结构。笔者注意到，有些像战国时期"吴"的写法。其实，古文吴字口符在左在右的情形都曾出现过：参见《师西簋》《免簋》《吴盘》《中山王鼎》《吴王夫差矛》《侯马盟书》古陶古玺等出土古文字材料，以及《说文》"吴"下所录古文等。我们曾隶定释读为忞字，在简文中这个形体的用法和"文"字是一致的。这里的"文"字的使用，主要相应于"言"的关系。

在"文"指向"言"的认知结构规定下，文饰符跟言语符之间可以互补乃至互换。儒学诗教强调"言为心声"，是在有关具体联系过程中来规定说明"文"的。所以,"文"指向的文采形式,它要表现并制约于作为"心声"之"言"。

一部分古文字在构造过程中,其言符和口符是可以互换的。战国古玺文中,"心"符和"口"符比较接近。另外,像《侯马盟书》中的部分"心"符也跟"口"符相近。"文"旁加"心"符,更加直接标明"文"和"言"的关系。西周时期不少铭文中的"文"形内部有一个"心"符,参见《能匋尊》《曾伯文鼎》《旗鼎》《君夫簋》《文簋》《史喜鼎》《伯家父簋》《师害簋》《改盨》《何尊》等器铭文的有关字形,也可以从这里取得一些联系。只是有的结构是包孕式,有的结构是上下式,有的结构是左右式。一部分古文字结构,加口符与加心符也是可以互换的,如哲字,就可以替换为惁等,参见《说文·口部》"哲"下所录古文。[①]

第三节 "和道"与诗歌

一、缶:关于地方节奏协调的乐器

1. 缶与谣

作为上古乐器,关乎"国风"的调节,观察"风谣"字结构可知:

[①]《简帛与学术》:"楚简及《诗》"。参见臧克和:《简帛与学术》,郑州:大象出版社,2008 年,第 76 页。后世像南朝刘勰著体大思精的文艺专论《文心雕龙》,其书名所取,仍然祖述了这类"和道"关系:为文用心,与雕龙形式,具在一体。

战国简帛

说文小篆

东汉鲜于璜碑

晋辟雍颂

北魏元肃墓志

结构为从言䍃（yóu）声，䍃符又从肉缶声。《说文》小篆作"䚈"，会意字，从言从肉。"䚈""谣"为古今字，战国简帛从言，声符从木肉声。《说文·言部》："䚈，徒歌。从言、肉。"《玉篇·言部》："谣，与招切。独歌也。徒歌曰谣。"《类篇·言部》："䚈谣，余招切。《说文》：徒歌，或作谣。䚈，又夷周切。或书作膪。"

不用乐器伴奏的清唱，指民间流行的歌谣。《诗经·魏风·园有桃》："心之忧矣，我歌且谣。"毛传："曲合乐曰歌，徒歌曰谣。"

"风"类诗歌，也即地方曲调的民谣，而且"风谣"自古连文以至为一词。通过对"谣"字结构的分析，可以寻绎有关"风谣"音乐性质的认知线索。①

䚈，《集韵·宵部》："䚈谣犹，余招切。《说文》徒歌。或作谣犹。""䚈"与《说文·言部》所录古文"䍃"同致，结构为从月（肉）从言。从"肉"取类，所指为歌谣纯乎发诸唇吻喉咙，亦即最初的民间歌谣本无器肉相发之韵致，天

---

① 以下见臧克和：《〈说文〉认知分析》，武汉：湖北人民出版社，2019年，第233—238页，第三部分第五节。

然动乎情、发乎唇吻者，可谓之"天籁"。唐代人还称"徒歌"为"肉声"，例如《正字通》："唐人谓徒歌曰肉声。"[①]到了《刘熊碑》"䚻"已作"谣"，稽考《说文》之后字书如《汗简》《古文四声韵》《秦汉魏晋篆隶》《班马字类》，等等，亦均孳乳如是，即在"䚻"形基础之上，添加了"缶"符，异构作"䍃"作"谣"等。段玉裁《说文·䍃部》注："䚻、谣古今字也。"看来"风谣"演进到这一历史背景之上，已经加进乐器的伴奏成分，不复是质朴无修饰的"徒歌"，而是有器肉相发之情趣。体现在文字表层认知结构上面，"打击乐"的成分得到突出。

"谣"字取象构形又平添进"缶"成分，即表示"谣"已有音乐成分参与，这一语义观念发生的背景，下面可以通过基本构字成分——文字符号的替换发生来加以说明。这里顺便指出这样一种语言现象，即《尔雅》等字书对于"谣"（即"䚻"孳乳添加"缶"符之后的情形）字的语义背景，尚未来得及作出概括反映，《释乐》云："徒歌谓之谣"；《玉篇·言部》曰："谣，独歌也"，一仍其旧，滞后如是。由此类现象也可以发现，文字构成的符号与作为语言的符号，二者并不在同一层次上，即并非是逐层对应的关系。

"谣"字取类于"缶"，指向"音乐"功能：有"缶"之体，即有"器乐"之用。这种联系，可以从"谣"字的构成符号的替换行为中发现。比如，关于"䍃"，《说文·口部》

---

① 参见［清］厉荃辑、关槐增纂，吴潇恒、张青龙点校：《事物异名录》，长沙：岳麓书院出版社，1991年，第175页。

曰:"喜也。从口,䍃声。"《广韵·宵韵》曰:"嗂,乐也。""缶"有乐器的功效,故可异构作"嗂",而"嗂"又从音,《改拼四声篇海·口部》引《龙龛手鉴》:"嗂,喜乐也。"《正字通·口部》曰:"嗂,俗嗂字。"又,"瑶"亦可替换作"嗂",《龙龛手鉴·玉部》:"璕,俗。瑶,正。"均资符验。

缶字源远流长,甲骨文从午从凵(kǎn)构造。"午"即杵,杵可用来制坯,"凵"象器皿形。在青铜器铭文里面,还有金属成分参与构造的缶类结构。缶之为瓦器,圆腹小口,作为生活用具,可以盛酒浆;作为乐器,归于打击乐类型。后世多用作容器单位,一缶等于十六斗。各类出土文字及《说文》小篆历代传承演变排比如下:

甲骨文

金文

战国简帛文

古陶文   汉印   说文小篆

西汉马王堆墓简帛书　　东魏王令媛墓志　　北齐王怜妻墓志

隋侯肇墓志　　　　　唐任城桥亭记　　　　唐刘如璋墓志

唐石经周易　　　　　唐干禄字书　　　　　唐张矩墓志

缶类字符，具有音乐调节功能。即"缶"作为乐器，自有其配合音乐节奏的作用。例如《易经·离卦》有云："不鼓缶而歌"；《诗经·陈风·宛丘》："坎其击缶，宛丘之道"。孔颖达疏："缶是瓦器，可以节乐。"又如《史记·廉颇蔺相如列传》："赵王窃闻秦王善为秦声，请奉盆缻（同'缶'）秦王以相娱乐。"蔺相如要挟秦王击缶，要非出于便宜，而是"不忘其旧"，"击缶"原是本地风光，调和着秦地地方音乐节奏特点，《说文·缶部》"缶"下说曰："瓦器，所以盛酒浆。秦人鼓之以节歌。"有"缶"器参与，即是有音乐伴奏效果，从而协调各地民间音乐节奏。

从上述资料中不难看出，"缶"类在"风谣"里俨然具有协调各地音乐节奏的功能。作为"风谣"，自不限于一地。这种认知提要尚嫌不够。依照《说文》"类符"在组合认知结构中的作用，"谣"作为文字符号由"缶"构形，这个"缶"

则是指向了一类，即作为概念的外延是涉及"瓦器"全体，而"瓦器"，《说文·瓦部》中提到："土器已烧之总名"，即"缶""瓦"被作为"一类"加以认知。从"缶"构形，与从"瓦"无别，二者互换，形成异构，这是汉字认知表层结构之间的转换原则。①

"缶""瓦"作为"土器已烧之总名"，单从音乐功能上说，所指应当是与中国古代关于音乐的"八音"概念（土、金、石、革、丝、木、匏、竹）发生联系。《国语·周语下》有云："金石以动之，丝竹以行之，诗以道之，歌以咏之，匏以宣之，瓦以赞之，革木以节之。"据说这里的"瓦"是"埙"的别称。《说文·土部》中有："壎，乐器也。以土为之，六孔。从土，熏声。"参见第四章第二节《"龢"的分类》）。

"缶"在"风谣"里的音乐节奏功用，是协调《诗经》

---

① "缶"，异构作"瓿"，《集韵·有部》："缶瓿，俯九切。《说文》瓦器。所以盛酒浆。秦人鼓之以节謌。象形。或从瓦。""瓨"，异构为"缸"，《说文·瓦部》："瓨，从瓦，工声。"《集韵》有"胡江""古双"二切，王筠《说文句读》："字与《缶部》缸同。""瓷"又异构为"瓾"，见《集韵·脂部》。"缾"，亦异构为"瓶"，见《说文·缶部》"缾"下所录或体。"类符"认知结构意义，在于打破语言文字的"义类"之间的界障。照此看来，《诗经·卫风》中的"考槃"，《庄子》里的"鼓盆"，《史记》里记载的秦王"击缶"，均具有在"徒歌"里面平添音乐伴奏的审美效果，也就无妨看作是"谣"作为文字构成符号取类于"缶"的语义发生背景。又磬、磬声符相同，从石类者为打击乐，见第四章第二节的"聲与磬、鼓——打击部"。从缶者，为瓦器中空，即可"虚能纳声"。

"十五国风"即各地音乐特点。①

"缶"类乐器的音乐节奏调和作用，并不限于质朴无华的上古。至少在唐代繁盛的宫廷音乐大交会里，"缶"类还是一个相当突出的成分，而且具有相当规模。上文提到的《诗经·陈风·宛丘》里所描述的音乐舞蹈场面，唐代孔颖达疏解说："缶是乐器，可以节乐，若今（唐代）击瓯。"唐人段安节《乐府杂录·击瓯》里也描述说："武宗朝，郭道源后为凤翔府天兴县丞，充太常寺调音律官，善击瓯。率以邢瓯越瓯共十二支，旋加减水于其中，以箸击之，其音妙于方响也。"

2. 琴瑟中和

阅读《诗经》三百篇即知，上古调和音乐节奏的自然还有其他乐器，下面观察"琴瑟"作用。首篇压卷即十五国风之一"周南"部分的《关雎》：

---

① 《汉书》地理志第八下提到：凡民函五常之性，而其刚柔缓急，音声不同，系水土之风气，故谓之风；好恶取舍，动静亡常，随君上之情欲，故谓之俗。齐地——临淄名营丘，故《齐诗》曰：子之营兮，遭我乎巘之间兮。又曰：俟我于著乎而。此亦其舒缓之体也。吴札闻齐之歌曰：泱泱乎，大风也哉！其太公乎？国未可量也。中国历史上很早就注意到各地方音语气的清浊缓促，如"齐气"的缓舒，扬州的清轻激扬，吴语调柔，燕语调刚……这样，各地所采用的乐器也必然要与之相协调从而各呈特色，亦自然之理。汪士铎《汪梅村先生集》卷五《记声词》之二就曾这样描述："《乐记》之……郑、卫、宋、齐之音，《论语》之'郑声'，皆调也，如今之里俗眛山、高平、弋阳诸调之类。昆山啴缓曼衍，故淫；高平高亢简质，故悲；弋阳游荡浮薄，故怨；聆其声，不闻其词，其感人如此，非其词之过也。"参见臧克和：《〈说文〉认知分析》，武汉：湖北人民出版社，2019 年，第234 页，第三章第五节，科技意象之"音乐"。

关关雎鸠，在河之洲。窈窕淑女，君子好逑。

参差荇菜，左右流之。窈窕淑女，寤寐求之。

求之不得，寤寐思服。悠哉悠哉，辗转反侧。

参差荇菜，左右采之。窈窕淑女，琴瑟友之。

参差荇菜，左右芼之。窈窕淑女，钟鼓乐之。

《关雎》全篇三章，描摹"君子"思慕"淑女"的恋情，近乎单相思的"苦恋"。由"寤寐思服"，到"辗转反侧"，几至情不能自持。当此时，《诗经》中即出现琴瑟钟鼓一类意象，以冲淡之、疏导之——节制之。由此形成了全诗"乐而不淫"的情感流动基调。这种"乐而不淫"的抒情特色，就是使人自持情性，喜怒哀乐，合度中节；异乎探喉肆口，直吐快心。与《论语·八佾》之"乐而不淫、哀而不伤"、《礼记·经解》之"温柔敦厚"、《史记·屈原贾生列传》之"怨诽而不怒"等古人说诗认知若合符契。从这个意义上说，"诗三百"以《关雎》置其首、压其卷，亦体现了编订者讲究情志"调节"，以趋于"中和"的诗学观念规定，非出于率意随便。

关于"琴瑟""钟鼓"乐器的作用，琴字出土文献及《说文》记录其体制系列：

战国楚简　　　　　石刻篆文　　　　　说文小篆

说文古文　　汉晋流简纸　　南朝梁罗浮山铭　　北魏石婉墓志

北魏吐谷浑玑墓志　北魏王翊墓志　　隋侯肇墓志　　隋任显及妻墓志

隋张俭及妻墓志　　隋张盛墓志　　隋郑令妃墓志　唐段承宗墓志

唐刘子墓志　　　唐孙谠墓志　　　唐王震墓志　　　唐瘞琴铭

　　战国楚简取"金"为声符，下出《说文》分析则从今得声，其实金符也是以"今"为声符。① 出土文字中有的由"木"符参与合成，或许受到琴的制作有梧桐类木材等因素影响。《说文》小篆为象形字，象古琴之形；古文为形声字，上象琴形，是"瑟"的古文，下为"金"，是声符。《说文》小篆隶

---

① "琴"训为"禁"，属声训。《白虎通》："琴，禁也。以禁止淫邪、正人心也。"适表明"琴"从"今"得声，即有"今"义。"今"字原本有关闭包含义，《说文》存储了这方面的信息。《马部》："马，艸木之华未发函然，象形。读若含。"今天我们所写的"信函""包函"之函，就是从这个马构字的，《马部》："函，舌也。象形，舌体马马。从马，马亦声。肣，俗函从肉、今。"含、肣皆从今得声，肣即包函之"函"。成语"噤若寒蝉"之噤的本字应该就是"吟"，"吟"亦从今得声。《说文》所收古文琴又从金作錾，其实"金"亦从今得声，《说文·金部》："金，从土左右注，象金在土中形。今声。"或释"今"字古文取象属于以位置关系表义的类型，曰为开口向上气出之象，而今则以开口向下倒置示关闭之象。按："今"字解释，参见裘锡圭：《文字学概要》，北京：商务印书馆，1988年，第141页。

变楷化作"珡",后又变为"琴",从"今"得声。异体"琹"为"琴"的俗字。《说文》曰:"珡,禁也。神农所作。洞越。练朱五弦,周加二弦。象形。䥅,古文珡从金。"[1]

从一定时代的认知结构看来,"琴"类乐器参与节奏调和,是符合《说文》一书中语义联系之实际的。"琴"字之构造,以及《说文》从字源语源联系方面的解说,从一个角度反映了中国古代人的美学观念,即音乐在中国古代不徒具抒情宣泄之效,而且像琴瑟这类来源颇为神圣悠远的乐器,人们更注意到它们的另一方面的功能,那就是禁邪制放。一送一控、发而能持,以免流离随意,与中国诗学所倡导的"中和"的审美价值判断相通贯。由此,可以寻绎到汉代人说《诗》的深层结构——观念背景。[2]

二、假象过大

1. 假象过大,是《管锥编》文评过程中所拈出品目。论

---

[1] 《玉篇》:"琴,巨林切。《说文》及《新论》云:神农造也。琴之言禁也,君子守以自禁也。《风俗通》曰:琴七弦,法七星也。《琴操》云:长三尺六寸,法象三百六十六日,广六寸,象六合也。珡,篆文。䥅鏊,并古文。"

[2] 《〈说文〉认知分析》第三部分第五节科技意象,1)关于音乐部。又,诗、持字结构,皆以寺为声符。约之以为节,可谓"节奏"。节奏一词,古今含义适反:古代"节奏""句读""句度""句投"等均是音转之语。这类情形恰如钱锺书《管锥编》所论:"今人言'节奏',意主流动,而古希腊人言'节奏',意主约束:一行而一止,貌同心异。"中国古人亦主"约束"。由此,研究中国古代乐舞,也就极容易发现:贯彻中国古代乐舞精神的基调便是:"先王之乐,所以节百事也。"见臧克和:《汉字单位观念史考述》,上海:学林出版社,1998年,第144页,第五部分第二节。

《全晋文》卷七十七挚虞《文章流别论》"假象过大"条所讥嘲之类：

> 吴可《藏海诗话》记韩驹云："绝句如小家事，句中著大家事不得；若山谷《蟹诗》用与虎争及支解事，此家事大，不当入诗中。"吴乔《围炉诗话》卷一论"七子"诗大而无当、廓落不亲切，谓如"夜寒盖木板，赤身被铁甲"；阎若璩《潜邱劄記》卷四五上又卷五《与陈其年》皆指摘汪琬诗"戏蝶翩翩排闼国"及"寂寂精蓝昼又开，隔篱飞蝶镇徘徊"，笑"排闼"为"蝶中樊哙"，寺门大开而"徘徊"不入，昔勇今怯，又为"蝶中冯婕好"；陶元藻《全浙诗话》卷四二引俞永思《画渔余话》："毛西河赠妓诗：'双瞳夜剪秋山雨，一笑春生扬子潮'，次句乃状笑容，非状笑声也。扬子江心有水涡；若作笑声解，则此笑如鲸钟鼍鼓，闻者掩耳惊走之不暇矣"；纪昀《唐人试律说》评钱可复《莺出谷》之"一啭已惊人，搏风飞翰疾"云："莺有声，然'惊人'非莺之声也，莺能飞，然'搏风'非莺之飞也。"又评陈至《芙蓉出水》之"剑芒开宝匣，峰影写蒲津"云："剑似芙蓉，不得云芙蓉似剑，峰似芙蓉，不得云芙蓉似峰。"张佩纶《涧于日记》光绪十八年正月初八日："山谷《水仙花》诗：'出门一笑大江横'，'横'字粗犷，直是水师矣！"均相映发……亦"类相远"而"事相违"之意也。

词章中的词与物、意与象、意与境和谐与否，协调与否，圆润与否，其实贯穿着中国古代关于文章章法的内在标准。基于此，是否假象过大，抑或假象过实，也就构成古代中国文评的基本原则。词章家为批评家所称道的例子，往往也在乎此。许多为后世所称道的作品，不在格局气象胜，端赖佯色揣称，搭配适当，调济谐和。

2."类相远""事相违"。历代碑板文字，往往饱受诟病，问题就出在违"和"，即存在种种不协调相。各类情形，下面略举数例：

"词肥义瘠"，充类至尽——古人悉为陪笔，夸饰无以复加。在已出土的刻石记录中，可以发现各种类型：①

隋大业十二年《口恘昂墓志》，少负"神童久号"，而夸饰不近情理。状其读写情景，则欲显其智反益其愚："淫书欲典，无谢偷光；锥胠（胠，"股肱"字异体）求英，何憼（惭字异体）照雪。秉干雨至，岂觉麦漂；倚柱作书，宁知霹雳雳。"写其才情，古人悉成陪衬，仲尼不死，颜渊复生，且无间文武，尚可理解。至若"说事则摧山竭海，谈义则江河涸绝"，则充类以至尽，写人情而近乎妖。

"腾笑献讥"，施于宫人"流芳"。隋大业十二年《徐氏墓志》中有云："兰芬蕙性，爰自妙年；习礼明诗，彰于绮日；由是腾芳戚里，膺选椒庭。葳训聿修，容德无爽。"唐开元三年《崔公妻李氏墓志》写道："思播美以腾芳，愿勒铭而纪德。"南朝齐孔稚珪《北山移文》中有："于是南岳献嘲，北垄腾笑。"清陈廷焯《白雨斋词话》卷五中云："（陈伯玉）

① 臧克和：《"词肥义瘠"与"假象过大"——以历代碑板文字为线索》，引自《读字录》（中册），上海：上海古籍出版社，2020年，第663—685页。

诮事武后，腾笑千古。""腾"字与"讥笑"组合，指向否定。

至于夸饰失真，胥归于"假象过大"，尤其不胜列举：

盼顾之间，月夜光华。隋大业六年《贾氏墓志》中有："言辞研雅，则芬馥春兰；瞻顾徘徊，则光华夜月。"

容光惭朱日，即令朱日失色。隋大业八年《何氏墓志》中有："照梁朱日，本愧容晖；出水红蕖，多惭荣曜。"

人物以才能胜，则远嗤庞统，俯笑陶潜；江珠亏渊月，越剑动冲星。隋大业七年《陈叔毅修孔子庙碑》中曰："金作玉条之刑法，桐囚木吏之奸情，一见仍知，片言能折。所谓江珠匿曜，时亏渊月之明；越剑潜光，每动冲星之气。爰降诏书，乃除曲阜县令。风威远至，礼教大行。政术始临，奸豪屏息。抑强扶弱，分富恤贫。部内清和，民无疾苦。重以德之所感，霜雹无灾；化之所行，马牛不系。鳏鱼夜放，早彰溉釜之篇；乳雉朝驯，自入鸣琴之曲。远嗤庞统，不任百里之才；俯笑陶潜，忽轻五斗之俸。"

龙跃荆衡，掩宅九江。隋大业九年《陈叔荣墓志》中提到："陈氏虎视吴会，龙跃荆衡，掩宅九江，连华三叶。"李白《大鹏赋》中："块视三山，杯看五湖"，则芥子乎言之。表现气盛词壮，功能不二。

驰骋金科、田猎玉檋。隋大业十二年《张浚墓志》中："驰骋金科之内，田猎玉檋之间。硕才礐硌，令问不已。""驱驰"视"金科"、"猎狩"与"玉条"，病乎失调。

"波澜万顷"与"宫墙数仞"。隋仁寿元年《卢文构墓志》："显考毖之，赠郢州刺史，波澜万顷，宫墙数仞。誉重生前，荣耀身后。渥洼龙种，绝景而飞云；丹穴凤雏，戴仁而抱智。及横经请业，鼓箧从师，宝钏拭华阴之土，璞玉成和氏之璧。以兹茂实，无此令名。"

"绝电"原本写速度，墓志用以状姿态。隋开皇二十年《独孤罗墓志》："骏骨天挺，幼有绝电之姿；全璞不雕，自成希世之宝。"[1]

年逾六旬，竟与"貌犹桃李"结偶。隋大业七年《魏氏墓志》："貌犹桃李，日已崦嵫。春秋六十有二，大业七年十二月二日卒于外患坊。"

假象非类失调——"和风"与"虎去"。隋大业十二年《张浚墓志》："惇情雅亮，率心廉直，勿加禁止，内外肃然。施和风如虎去，用德义而珠还。"[2] 惠政之施，与猛虎之去，错配非偶，殊属不伦。

假象不伦——陪比拟于不伦。隋大业十二年《张浚墓志》："若玉树之居蒹葭，野鹤之处鸡群。"位置玉树，于蒹葭丛中；杂处野鹤，在鸡群之内。犹俗语所谓"羊群里跑出驴子"，然终陷于不伦。

假象过实——口舌腾波、下笔散雨，不能协调。隋开皇三年《寇遵考墓志》："笃志于学，业尚可观。波腾舌杪，雨散毫端。著书东观，赞务秋官。笔削无隐，济猛以宽。入主

---

[1] "绝电"，瞬息即逝的闪电，用以比喻速度迅疾。南朝宋鲍照《拟行路难》诗之十一："人生倏忽如绝电，华年盛德几时见。"

[2] 北京图书馆金石组编：《北京图书馆藏中国历代石刻拓本汇编》第10册，郑州：中州古籍出版社，1989年，第153页。

喉唇，兼掌纶翰。"作者尺石兴波，简直等同龙王之喷云吐雾。唐代至于夸饰为"舌电"，变本加厉，充类至尽者。唐总章二年《上官义墓志》："荆南令尹，陇右良家。公门载袭，台室连华。惟曾擢景，艺洽披砂。显考腾誉，辩叶藏牙。其一。克生英彦，风驰藻绚。门绍良弓，器传稽箭。望秦说绮，临吴识练。几愈头风，方资舌电。其二。"

假象过实——叱咤起雷电。隋仁寿三年《张俭及妻胡氏墓志》："宣政元年，诏讨陈贼吴明彻，君机辩内驰，英威外振，弓弯流水，马控浮云。暗鸣而斩鲸鲵，叱咤而起雷电，妖氛廓定，振凯言归。"①

假象非类——河目海口，钦颐虎颜。虽合相书，亦近非类，难以谐和。唐开元二十四年《独孤炫墓志》："生而吸纯精，母元气，河目海口，钦颐虎颜，保于大和，合于皇极。所言王霸宏略，皆发自天机。而述作文儒，尤邃风雅。"

反经失常——使鸟下、令树枯，夸饰过度。隋大业六年《姬威墓志》："并孝性纯深，居丧过礼。飞鸟闻悲即下，坟树染泪便枯。"

……

词与意、意与物相互调济的三种类型：

由修辞语用之"词肥义瘠"，通乎辞章结构之"假象过

---

① "暗鸣"与"叱咤"对文，石刻字形如此作。今所见作"暗鸣"，《文选·左思〈吴都赋〉》："眭眦则挺剑，暗鸣则弯弓。"李周翰注："暗鸣，含怒未发。言如此小怒，则拔剑弯弓，言勇狭也。"唐骆宾王《代李敬业传檄天下文》："暗鸣则山岳崩颓，叱咤则风云变色。"

大",成为理解传统文评的认知取舍准的。其根本关节,体现了有关文章组织结构的基本平章原则。陆机《文赋》论作文,揭示词、意、物三者之调和关系:

> 余每观才士之所作,窃有以得其用心。夫放言遣辞,良多变矣。妍蚩好恶,可得而言。每自属文,尤见其情。恒患意不称物,文不逮意。盖非知之难,能之难也。故作《文赋》,以述先士之盛藻,因论作文之利害所由。

其中所涉及词、意、物(象)关系,理论上各又包容了三种关系类型:

物(象)与意之间——物(象)=意、物(象)<意、物(象)>意;

词与意之间——词=意、词<意、词>意。

但是,在固有的且至今还沿用的诗文评语词概念体系中,其调和过程并不总是平衡的,有时甚至体现出了"一边倒"的取舍倾向:

第一类词=意、意=物(象)——属于理想类型。通常的表述就是意境的圆融、和谐。

第二类物(象)<意、词<意——属于偏枯类型。但是我们不仅找不到专门的批评,甚至已成为"文约义丰""言有尽而意无穷""含不尽之意见于言外"之类文评匡格的根据,石刻语料称为"词当体要"。① 这类现象,比较直接地反映出了

---

① 唐代咸通十二年《阎肇墓志》:"幼习经典,聪颖殊伦,通贯群言,词当体要。"

传统艺术史上的一种认知选择。

第三类物>意、词>意——属于排斥类型，常见诗文评里的表述形式就是"假象过大"（深层结构类型即为物>（象）意），"假象过大"的言语表现形式就是"词肥义瘠"（深层结构类型即为词>意）。

"假象过大"，除了所指涉事物的形状体积等因素存在不平衡外，还存在所拟不伦、所比不类、错配非偶、偏枯不称等倾向。这类既着眼于辞章，又会心于词语关系的批评形式，是《管锥编》在考论《全上古三代秦汉三国六朝文》过程中所使用的重要品目。这些平章内容，在中国诗文评意义上存在着内在的有机关联。中国固有文章结构平衡要求的基本原则，以及体现这些原则的基本结构和基本单元，体现为中国古已有之的"和道"文统。

三、偏枯不称

江淹《别赋》云："倘有华阴上士，服食还仙……驾鹤上汉，骖鸾腾天，暂游万里，少别千年，惟世间兮重别，谢主人兮依然。"按照"和道"的协调原则，《管锥编》批评该处所赋为"偏枯不称，殊为布局之瑕"：

> 别离一绪，情事两端：居人伤行子，行子恋居人。二情当写其一，庶符"黯然销魂"之主旨。通篇或兼顾，或侧重，未乖体要。李白《古风》之二十写遇"古仙人"而"欣然愿相从"，乃云："泣与亲友别，欲语再三咽"；此真《别赋》题中应有之义。江氏竟只字不及，一若弃世学仙之士，忘情割爱，不复怨别伤离，犹可说也。然弃如脱屣之家人，

必且瞻望勿及，泣涕如雨，痛生离之即死别，有如韩愈《谁氏子》："非痴非狂谁氏子，去入王屋称道士；白头老母遮门啼，挽断衫袖留不止；翠眉新妇年二十，载送还家哭穿市"，或《红楼梦》第一回甄士隐随疯道士"飘飘而去"，其妻封氏"哭个死去活来"。而《别赋》乃只以"重别"二字了之，绝未铺陈"别必怨而怨必盈"之致，遂成缺负。①

四、韵的调和

作为艺术领域高频出现的概念，"韵"算得上是艺术批评史上一个极富特色的术语。这里首先考虑如下两个具体问题：

1. "韵"字是何时开始记录相关艺术、进入艺术品评领域的？

从上文第四章"龢"与音乐谐和的关系、关于音乐分类的汉字记录的实际年代来看，出土石刻材料较早见于南北朝墓志，字汇录存则见于宋代《说文》新附部分。这些文字上的时代属性，与下面的艺术史发展阶段是相应的。

2. "韵"最初是运用于何种艺术门类作为协调品评术语的？

《管锥编》论《全齐文》卷 25 第 189 则，从南朝齐代谢赫的《古画品》六法开始考证讨论，以为气韵，即是生动。在中国是由北宋范温首先拈出"韵"这个艺术范畴，由品评书画，到批评诗文的。②

---

① 钱锺书：《管锥编》第四册，《钱锺书集》，北京：生活·读书·新知三联书店，2008 年，第 2196—2197 页，论《全上古三代秦汉三国六朝文》第 207 则。

② 钱锺书：《管锥编》第四册，《钱锺书集》，北京：生活·读书·新知三联书店，2008 年，第 2121—2127 页，论《全齐文》卷 25 第 189 则。

《永乐大典》807 卷《诗》字引《潜溪诗眼》佚文，作者为北宋范温，其中关于论"韵"部分内容，洋洋上千言。《管锥编》首次钩沉揭橥，探幽发微，拂拭标举。"非特为'神韵说'之弘纲要领，抑且为由画'韵'及诗'韵'之转捩进阶。"即揭示了从齐梁开始的由人物到书法绘画，由书法绘画之"韵"发展向诗文"韵"的重大转变。而且，"融贯综核，不特严羽所不逮，即陆士雍、王士禛辈似难继美也"。范温释"韵"为"声外"之余音遗响，及言外或象外之余意，足征人物风貌与艺事风格之"韵"，本取譬于音类。① 参见第四章第二节的"音与音乐结构"。

第四节 "和道"：异质调济

在文学艺术史上，"正项（正量）"基础上，协调添加"异项（异量）"，不仅能有以见"异量"之美，还能收到异量相济之效，所谓倍增"正量"。

一、性格组合：一组矛盾结构之间的调和

关于《史记·项羽本纪》所写项王为人，日本学者泷川资言《史记会注考证》曾经引用韩信的话加以评论：项王见人恭敬慈爱，言语呕呕，人有疾病，泣涕分食饮，至使人有功当封爵者，印刓敝，忍不能予：此所谓妇人之仁也。高起王陵云：项羽仁而敬人，与范增言对看，项羽其人可想。

---

① 有关音类，韻，调和为圆润（声符为员）；韵，为均匀（声符为匀）。

《管锥编》第一册考论《史记会注考证》项王所具个性："'言语呕呕'与'喑恶叱咤';'恭敬慈爱'与'僄悍猾贼';'爱人礼士'与'妒贤嫉能';'妇人之仁'与'屠阬残灭';'分食推饮'与'刓印不予':皆若相反相违,而既具在羽一人之身。有似两手分书,一喉异曲,又莫不同条共贯,科以心学性理,犁然有当。《史记》写人物性格,无复综如此者。"①

项羽一身兼具二重性格结构,具有文学典型形象的意义。假如其性格维度组合简单,则既不足以突出其勇猛,又损却其贵族气质。如此,则与其他历史上猛壮人物,也就没有多少区别。《史记》写项王有楚国遗留贵族君子气象,亦具人情之常:"人或说项王曰:关中阻山河四塞,地肥饶,可都以霸。项王见秦宫室皆以烧残破,又心怀思欲东归,曰:富贵不归乡,如衣绣夜行,谁知之者。说者曰:人言楚人沐猴而冠耳,果然。项王闻之,烹说者。""富贵归乡"定型为成语,后世仿构纷如,几乎成为匡格。宋代欧阳修《相州昼锦堂记》云:"仕宦而至将相,富贵而归故乡。此人情之所荣,而今昔之所同也。"

上述人物性格结构调和,"异量相济"之理不明,解释

---

① 钱公锺书先生信件中有批注云:刘君再复当面称,读《管锥编》,乃知《史记》已写"人物二重性格"。长篇巨制名著,即使小人物出场,也具有不可忽略的"调济"作用。例如《红楼梦》淳朴老道而又阅历丰富的刘姥姥三进大观园,之于贾母老祖宗性格的丰富性;淘气的贴身书童焙茗,之于贾宝玉性格的真实性:皆不可替代。脂砚斋、金圣叹等古代小说家评点派的术语,就是"特犯不犯"。

《史记》本纪世家列传人物，则往往会产生不能统一的感觉。《高祖本纪》记载："高祖还归，过沛，留，置酒沛宫……高祖乃起舞，慷慨伤怀，泣数行下，谓沛父兄曰：游子悲故乡，吾虽都关中，万岁后，吾魂魄犹乐思沛。"《史记会注考证》拿来与《项羽本纪》作对照比较："此与项羽心事全同，世与彼而不与是，何耶？"《史记会注考证》作者的意思是，汉高祖思归故里的心理，跟项羽是完全相同的。但是，世人肯定项羽而不赞成刘邦，是什么缘故呢？就是揭示世人对于历史人物身上性格的丰富复杂甚至矛盾二重结构不能协调的现象。

二、人与自然：虚实之间协调

1. 人物：虚实之间，比例失调

《管锥编》援引经文与诗论各一例，说明虚实之间比例协调的意义：

《百喻经》第一则云："昔有愚人，至于他家，主人与食，嫌淡无味，主人为益盐。既得盐美，便自念，言：'所以美者，缘有盐故；少有尚尔，况复多也！便空食盐。'"

贺贻孙《诗筏》："后生家每从闲冷处传神，所谓颊上加三毛也。然须从面目颧颊上先着精彩，然后三毛可加。近见诗家正意寥寥，专事闲语，譬如人无面目颜颊，但具三毛，不知果为何物！"①

《管锥编》借以上两篇，批评南宗画、神韵派诗末流之

---

① 钱锺书：《管锥编》第四册，《钱锺书集》，北京：生活·读书·新知三联书店，2008 年，第 2126 页，考论《全上古三代秦汉三国六朝文》第 189 条。

弊，都不过是"但具三毛""便空食盐"。于虚实之间点染关系，舍本逐末，不能协调。

2. 绘画：山水之间，虚实之和

《管锥编》揭示法国新文论师的"亦见亦隐"境界，即德国哲学家所谓"呈露而亦藏匿"，乃真理所具之性德。这是在与中国山水画论家类比，郭熙《林泉高致·山水训》曰："山欲高。尽出之，则不高；烟霞锁其腰，则高矣。水欲远。尽出之，则不远；掩映断其脉，则远矣。"作者认为，这番表述，足可以引申韩拙论画山水所主"隐露立形"之说。①

第五节 人与自然：要素的组合及和谐的张力

一、山水之和：实写虚写的调济

中国山水文学较之其他题材成熟较早，蔚然大观。其中以虚写成分调济超出单纯实写效果，更是常见的做法。

北魏郦道元《水经注·江水》曰："渌水平潭，清洁澄深，俯视游鱼，类若乘空。"古代文论批评家从中看到"造语之妙"："《水经注》形容水之清澈，曰：分沙漏石。又曰：渊无潜甲。又曰：鱼若悬空。又曰：石子如樗蒲。皆极造语之妙。"②

至于缘何达成"造语之妙"，论者并未能揭示景物要素之

---

① 钱锺书：《管锥编》第四册，《钱锺书集》，北京：生活·读书·新知三联书店，2008年，第2117页，第189条。

② 蒲松龄《聊斋志异》"各本序跋题辞"，蒲松龄：《聊斋志异》，上海：上海古籍出版社，1986年，冯镇峦《聊斋志异》序第14页。

间调配谐适所产生的"力场":场景当中,不是因为加进了不同质物体产生"杂质",而是由于物体之间的作用使得景物特质强化突出,由此构成语言词语表现力的倍增器。所谓"造语之妙",看起来似乎属于表层结构的意义,其实,表面上的"造语妙用",体现的是深层"和道"的善用,作手遂成造物之冶炉。状景物如此,写人物亦复如此。一组性格要素构成乃至补充矛盾冲突,通过协调组合,使两个人的空间,得到成倍拓展,可产生将主人公置于最大空间之中的效果。①

南朝梁代吴均《与朱元思书》描写:"自富阳至桐庐一百许里,奇山异水,天下独绝。水皆缥碧②,千丈见底。游鱼细石,直视无碍。"③

唐代柳宗元《至小丘西小石潭记》中对于小石潭中游鱼的描写,寥寥数字,不但没有产生有碍于空明的"杂质",反而使得"清澈"见底,成为典型传神写照。显而易见,这类山

---

① 视觉艺术研究者发现,连接在一起的任何两段影片,都必然组合成一种新的表现,并作为一种新的质从这种并列中产生出来。赵超:《基于电影蒙太奇与文字建构的特色分析》,《电影文学》2011年第2期。视知觉层面的"新质的产生",也可理解,但与"和道"作用原理未必可以等量齐观。

② 缥碧:缥,音 piǎo。或以"缥碧"为淡青色,或以为青白色。按:颜色诉诸丝织物,这是古人"物色"认知命名的通例。日藏唐代空海撰抄《篆隶万象名义·糸部》:"缥,匹绕反。帛青白色。"意思是:缥是一种青白色的帛。据此,"缥碧"可以解释为"青白碧玉"。如果单是碧绿,就有碍于下面"千丈见底""游鱼细石,直视无碍"的视觉效果了。

③ 游鱼细石,直视无碍:缥碧水中的游鱼和细石,在水面上也可以直接看清楚,没有障碍。按:虚写缥碧水清。

水笔墨,虚实协调相生,继承发展了南北朝山水游记虚写静景的特点:"潭中鱼可百许头,皆若空游无所依。日光下澈,影布石上,怡然不动;俶尔远逝,往来翕忽,似与游者相乐。"

宋代苏轼《记承天寺夜游》实写月色,用力则在虚处:"庭下如积水空明,水中藻荇交横,盖竹柏影也。"[①]

这种以虚写成分调济实写特质的作用尤其突出。历代文论、诗话、词话,都常常予以标注揭示;至于调济功效,向为历代文论诗话家所称道。

同样为实现由实返虚效果,在许多场合下,作家们也往往依靠视角调济流转来达成。唐代孟浩然《宿建德江》云:"移舟泊烟渚,日暮客愁新。野旷天低树,江清月近人。"这四句诗可从两个层面来看,一层为时间,是"日暮黄昏生愁";二层为空间,合于诗家将"孤立意象置于最大空间"位置经营之法。然而第二层的结构转换,主要还是实现将视角由远眺调济到俯视。[②]清代诗人查慎行《舟夜书所见》云:"月黑见渔灯,孤光一点萤。微微风簇浪,散作满河星。"夜

---

① 状月景连用两个类比。前一个比喻将月光虚拟为空明的积水,这是化实为虚;后一个比喻紧接上来的一笔是将前面的虚化顺势进一步发展想象:岂止是积水,其中还有水草呢。至此,人们已经忘了作者化实为虚,而第二笔才找回来,由影应月,遂又还虚为实。如此虚实相生,用笔灵动,最能点染出空明的意境。苏轼用笔的这个特点,在他的《前赤壁赋》等游记散文中也可看得出来。

② 《诗经·王风·君子于役》:"君子于役,不知其期。曷至哉?鸡栖于埘。日之夕矣,羊牛下来。君子于役,如之何勿思!"唐代崔颢《黄鹤楼》后两联:"晴川历历汉阳树,芳草萋萋鹦鹉洲。日暮乡关何处是?烟波江上使人愁。"诗家将"孤立意象置于最大空间"的经营之法,还有唐代王维《使至塞上》:"大漠孤烟直,长河落日圆",例多不备举。

黑见"孤灯"的景象，由萤火一点突出，到满河星的分散化开——这个效果也可以看作是视角调转为俯视实现的。

散文的章法也如此调和。例如，晚明祁彪佳《寓山注》描写景点"柳陌"的小品文，就是"由画返浑"调济由内到外由近及远作结：

> 出寓园，有南堤达幽圃，其北堤则丰庄所从入也。介于两堤之间，有若列屏者，得张灵墟书曰"柳陌"。堤旁间植桃柳，每至春日，落英缤纷，微飔偶过，红雨满游人衣裾。予以为不若数株垂柳，绿影依依，许渔夫桡碧阴，听黄鹂弄舌，更不失彭泽家风耳。此主人不字桃而字柳意也。若夫一堤之外，荇藻交横，竟川含绿，涛云耸忽，烟雨霏微。拨棹临流，无不率尔休畅矣。①

---

① 寓山为作者的私家园林，柳陌则是寓山景点之一。陌，田间小路。写私家林泉高致，就像《红楼梦》第四十二回中薛宝钗关于画大观园的一段议论："如今画这园子，非离了肚子里头有些丘壑的，如何成画？这院子却是像画儿一般，山石树林，楼阁房屋，远近疏密，也不多，也不少，恰恰的是这样。你若照样儿往纸上一画，是必不能讨好的，这要看纸的地步远近，该多该少，分主分宾，该添的要添，该藏该减的要藏要减，该露的要露，这一起了稿子，再端详斟酌，方成一幅图样。"同样，《柳陌》所写作为祁彪佳私家园林"寓山"的景点之一，体现了作者如下的审美情趣："大抵虚者实之，聚者散之，散者聚之。"（《寓山注》）本篇观赏中心线索在于一"柳陌"，却先以使富贵气象一洗皆尽的一派田园风光来映衬；写到"堤旁"，又以桃红映发垂柳；至写柳阴，意趣盎然，见出作者系心结念者，在"五柳先生"耳。至此，"柳堤"似已无可再写，但作者似又嫌过于"聚"而局促了，于是复转出堤外，由画返浑。读者的兴致，也就随了作者所棹的一叶扁舟，穿行于一川烟草之中，复归混莽太虚了。所谓尺水可以兴波：烟雨缭绕处，无限丘壑藏。

二、动静相济，调和效果

动静之间，协调相济，也是诗文中常见的调节法。宋代曾几在《三衢道中》中写道："梅子黄时日日晴，小溪泛尽却山行。绿阴不减来时路，添得黄鹂四五声。"后两句写法，由水路溪行，进入林荫山行，途中添了黄鹂的几声鸣叫，越往深处益发空寂，也就加倍突出了初夏山行道中的幽静。宋代词人辛弃疾《西江月·夜行黄沙道中》写江南水乡夏夜的静美喜悦："明月别枝惊鹊，清风半夜鸣蝉。稻花香里说丰年。听取蛙声一片。七八个星天外，两三点雨山前。旧时茅店社林边。路转溪桥忽见。"上片几乎全是声响，而整体协调效果，突出山村夏夜的静美特色。

艺术史上，这类调和往往最能体现作者于细微处的硬功夫。参见南朝宋代鲍照以家书写游历，所见之丰富，气势之壮阔，意象之奇崛，令人拍案叫绝。

三、场面架构，冷热穿插

1. 江上火烧

罗贯中《三国志通俗演义》第四十八回，在赤壁鏖兵大战前夕，即"曹操三江调水军""周公瑾赤壁鏖兵"之间，并不是环环紧扣，有违于一张一弛之道。为避免心理欣赏活动疲劳，特别穿插进"曹孟德横槊赋诗"一节：

> 时建安十三年冬十一月十五日，天气晴明，平风静浪，操令置酒设乐："吾今夕欲会诸将。"天色向晚，东山月上，皎皎如同白日。长江一带，如横素练……操指南屏山如画，东视柴桑之境，西观夏口之江，南望樊山，北觑乌林，四顾

空阔，心中暗喜。①

即使"周公瑾赤壁鏖兵"惊心动魄，也有闲暇如此：

> 是时东风大作，波浪汹涌。曹操在中军遥望隔江，看看月上，照耀江水，如万道金蛇，翻波戏水。操迎风大笑，自言得志。

承接过渡的是第四十七回"阚泽密献诈降书，庞统巧授连环计"：

> 左右取马与干乘了，送到西山背后，于小庵歇息，拨两个军人答应。干在庵内，心中忧闷，寝食不安。是夜寒星满天，干闲步出庵后，只听得读书之声。信步听之，于山岩畔见草屋数椽，内射灯光。干往窥之，见一人挂剑灯前，诵孙、吴兵书。干思此乃异人也，遂叩户请见。其人开门迎之，仪表非俗。干问姓名，其人答曰："某姓庞，名统，字士元。"干曰："莫非凤雏先生否？"统曰："然也。"干曰："何僻静独守？"答曰："周瑜自恃才高，不纳忠谏，灭贤损德，特守于此。公乃何方人？"干曰："某乃蒋干也。'群英会'上相见，何故忘了？"统曰："一时失忘。"遂邀入草室，共诉心腹之事。②

2. 现代影视

现代影视艺术家深谙此理。2008 年 8 月秋始夏余，第 29 届奥林匹克运动会在北京召开，斯会之盛，尤在开幕之仪式；

① 罗贯中：《三国演义》，北京：人民文学出版社，1973 年，第 396 页。
② 罗贯中：《三国演义》，北京：人民文学出版社，1973 年，第 392 页。

开幕仪式之盛况，在于导演张艺谋之匠心独运。此届开幕式，张氏追求创格，力求出新。其核心观念，在于"和谐"之美。在此次开幕式上，布局的宏大场面与文化细节、传统文化与现代科技、古典元素与声光电影的穿插，基调的阳刚与阴柔相济，都十分契合观众审美规律。但是，张氏成以巧损，追求在于此，其失也在于此。高潮之处，自然在点火之际的主题曲，该曲基调一反历届奥运会主题曲与奥运竞技相契合的激昂节奏，《你和我》轻歌曼舞，柔情万种，千回百转。这种反常的处理，阴柔直接高潮，有违于心行张弛调节之和道。

3. 调和章法

热中掺冷，急里放缓，异质杂糅所产生的张力，尤其能见出遵循"和道"机制所产生的作用力。清代刘鹗《老残游记》回末批注，自道其调和章法：

"疏密相间，大小杂出，此定法也。历来文章家每序一大事，必夹序数小事，点缀其间，以歇目力，而纾文气。此卷序贾、魏事一大案，热闹极矣，中间应插序一段冷淡事，方合成法。乃忽然火起，热上加热，闹中添闹，文笔真有不可思议功德。"①

---

① "绣像小说"本洪都百炼生《老残游记》（刘鹗：《老残游记》，上海：上海古籍出版社，2005年，卷15）"烈焰有声惊二翠 严刑无度逼孤孀"，回末批注文字章法，不啻夫子自道。又，《红楼梦》属于说部中典型的长篇统一结构，也往往紧处赋闲，每于热闹处调济冷笔。例如，第十六回情节安排"贾元春才选凤藻宫，秦鲸卿夭逝黄泉路"，两处相接，势同水火。即使一回之内，也是冷热交作。例如，第十八回"皇恩重元妃省父母，天伦乐宝玉呈才藻"，于元妃省亲之热闹处特写宝玉痛悼秦钟文字，由此间隔之，亦以之调节。

四、意境构成的协调

1. 意象结构，中和意境

意境圆润，不在其阔狭之分，端赖协调之相。

宋代杨万里描写《小池》："泉眼无声惜细流，树阴照水爱晴柔。小荷才露尖尖角，早有蜻蜓立上头。"以池小缘故，只能蕴蓄细流；以细流故，水源只能是泉眼；以泉眼出水，只能是近乎无声。光影亦不能强烈，是以晴柔故，只能是透过树荫映照池水。亦以池小空间故，池中卉植只能是小荷，以荷小故，只能出以尖角，同样以荷小尖新故，所驻足停留只能是轻巧蜻蜓。小池组合，协调机制，如此作用，科以物理情理，莫不犁然有当。宋代秦少游《浣溪沙》对小楼的形容："漠漠轻寒上小楼，晓阴无赖似穷秋。淡烟流水画屏幽。自在飞花轻似梦，无边丝雨细如愁。宝帘闲挂小银钩。"眸色揣称，机杼相同。①

2. 情景协调，异质同构

南朝宋代鲍照《登大雷岸与妹书》，造句奇崛，笔法夸张，结构扭曲：以此与山川景色、羁旅艰辛和远别伤怀配合协调。这种打破常规，融主、客为一体的语言结构，是作者将人的情感、山水景物与语言逻辑调和为同形同构。语言结构天然地带有逻辑性与序列性，那就是试图打破原有的语言链

---

① 不只是诗集，小说家、诗文评家也说："予读《李义山集》，集前有一条云：诗人刻露天地间山川、草木、人物、百怪，几于毫不留余矣。故少达多穷，以其凿破混茫，发泄太尽，犯造物之忌也。《聊斋》虽小说，描写尽致，实犯此忌。"蒲松龄：《聊斋志异》，上海：上海古籍出版社，1986年，冯镇峦《聊斋志异》序第16页。

条，扭曲以就自然景物结构，组织成新的表达方式，加以新的表征，也免不了陷入又一种逻辑循环之中。鲍照骈文从自己的主观感受出发，重新表征"语言—自然"关联，创造出与"情感结构—自然结构"同构对应的认知类型。从人与自然的关系史来看，在相当漫长的时间里，人类天然地具有主客不分、物我同一的认知方式，使得古人天生就认为，自然就是人的身体，人的身体也就是自然的一部分。因此，以人体自身的生命和感情去感知并表征自然物象，就是极为自然的事情。① 在灿若晨星的六朝诗文里，鲍照的骈文是其文学创作代表，其中骈文尤其振绝者，当推《文选》所选入的《登大雷岸与妹书》。钱锺书《管锥编》卷四评价："按鲍文第一，即标为宋文第一，亦无不可也。"这里列举几个堪称代表性的语句结构：

严霜惨节，悲风断肌。②

---

① 这个现象，参看汉代字典《说文解字》，关于万物类比分类体系，就可以获得十分直观的印象。参见《〈说文〉认知分析》第一章。出土文献战国楚墓竹简，像上海博物馆藏《战国楚竹书》中的《鲁邦大旱》篇，简文所记载子贡关于"夫山，石以为肤，木以为民，如天不雨，石将焦，木将死，其欲雨或甚于我，何必恃乎名乎"的观念，说明这类远离鬼神、趋向自然的思想，在战国时期确实已经根深蒂固，存在广泛基础。也许在现代人看来，赋予自然以生命，属于所谓"灵性化"的过程，但在先秦战国社会，将原本就有灵的自然万物人格化，实际上意味着走向世俗化：是异质以同构，貌合而神离者，此不可不稍为之辨。臧克和：《读字录》，上海：上海古籍出版社，2020年，第337页，楚简考论部。

② 严霜惨节，悲风断肌：浓霜刺骨，苦风裂肤。按：惨节、严霜对文，节，即"骨节"之节。从词语组合结构来看，"严霜"，犹如（转下页）

南则积山万状，负气争高。①

思尽波涛，悲满潭壑。②

（接上页）汉代《孔雀东南飞》"寒风摧树木，严霜结庭兰"之"严霜"，即浓霜。然而接上"惨节"，遂使自然染上情感色彩。第二句"悲风断肌"，自然之"风"，径与"悲"字组合，添进主观感情因素。古代文论多称物与我可以实现"情景交融"，现代格式塔心理学派又分析为"异质同构"。在当代科学看来，心脑认知往往通过"类比"而偏爱"模仿"。人与人、人与物之间，发生观察交会过程，为能量的相互作用；而能量的传递方式，则遵循着两边的原生结构。由此，"交融"的深层结构、"同构"的内在结构皆可得而说。

① 南则积山万状，负气争高：南边就是堆积山峦，多种形态，恃凭气势，竞争高下。万状，多种形态，形形色色。负气，恃气。按：从"南则"开始，是关于"四至"的"登高望远"。后世像宋代苏轼《前赤壁赋》"西望夏口，东望武昌，山川相缪，郁乎苍苍，此非孟德之困于周郎者乎"作为发展，是将其历史感融入山川地理之中。负气争高，清代严可均所辑《全宋文》卷四十七作"争气负高"，钱锺书《管锥编》卷四援引此文造句作"负气争高"。后世组构者，如唐代柳宗元写山水《钴鉧潭小丘记》作"其石之突怒偃蹇，负土而出，争为奇状"。《管锥编》揭示鲍照其"前所未道"即在结构发展链条上创辟地位：水能"鼓怒"，已成词人常语（《管锥编》联系到《上林赋》《江赋》《海赋》等，还有元代张养浩《山坡羊·潼关怀古》："峰峦如聚，波涛如怒。"），山解"负气"，则前所未道。《世说新语·言语》中顾恺之说会稽山水："千岩竞秀，万壑争流"，只状其形于外者为争竞，鲍氏并示其动于中者为负气，"精彩愈出"，就是揭橥鲍氏所铸语言结构，实现"异质同构"，依据情感流动关联结构。因此，该语言结构，在《水经注》中成为"套语句样"：《河水》作"山峰之上，立石数百丈，亭亭桀竖，竞势争高"；《汝水》作"山阜竞高"。南朝吴均《与朱元思书》也有："夹岸高山，皆生寒树，负势竞上，互相轩邈，争高直指，千百成峰。"

② 思尽波涛，悲满潭壑：悲凉思绪，充满波涛潭壑。按：二句表面对文，其实，山川景物与心态意绪完全协调融会，铸语造句省略间隔成分，三者实现"无缝衔接"同构。《管锥编》卷四（钱锺书：《管锥编》第四册，北京：中华书局，1979年，第1314页）论此物象此 （转下页）

轻烟不流，华鼎振沓。

水流湖面，停着轻烟；湖水下面，波涛翻滚，如同华丽大鼎中煮水沸腾一样。轻烟，湖泊水面泛起的烟雾。华鼎，华丽宝鼎。鼎，古代炊器，又为盛熟牲之器，多用青铜或陶土制成，圆鼎两耳三足，方鼎两耳四足。这里指煮水器。《说文·鼎部》曰："三足两耳，和五味之宝器也。"振沓，华鼎煮沸振动。沓，水沸涌出。《文选·枚乘〈七发〉》有云："发怒庢沓"，李善注："言初发怒，碍止而涌沸……《埤苍》曰：沓，釜沸出也。"按："轻烟不流，华鼎振沓"，作者调节的用心在于：使易于流动者变静态，飞升者长存；化凝重者为动态，凝重者为流动。物理艺理画法相类者，参见钱锺书《管锥编》卷四论《全后周文》卷十"不去而恒飞"条："后世题咏中遂有两大宗：雕绘之事物，作流动态者长流而能不逝，见新好状者长新而不能故。"所援引用例，其中唐代李白就有

（接上页）情思"契合"宛密："波涛"取其流动，适契连绵起伏之"思"，即《全汉文》卷三武帝《李夫人赋》"思若流波，怛兮在心"；西语亦曰"思波"（按，现代作家表征为"意识流"），以心念之画而能浑、运而不息也，别见《楚辞》卷论《九章·哀郢》。"潭壑"取其容量，堪受幽深广大之"悲"，即李群玉《雨夜呈长官》："请量东海水，看取浅深愁。"但是，个中又有差等：然波涛无极，言"尽"而实谓"思"亦不"尽"；潭壑难盈，言"满"则却谓"悲"竟能"满"。二语貌同心异，不可不察尔。抑又有进者，"思尽波涛，悲满潭壑"，对应作者情感，是由抽象到具体，将无形之"悲思"进行"量化"处理，为辞章赋愁状悲，创辟增加一认知结构表征。见钱锺书《宋诗选注》关于郑文宝《柳枝词》注释（钱锺书：《宋诗选注》，北京：人民文学出版社，2017年，第3—4页）。

数处，如《壁画苍鹰赞》："吾尝恐出户牖以飞去，何意终年而在斯。"

又如，《巫山枕障》："朝云夜入无行处，巴水横天更不流。"

> 夕景欲沉，晓雾将合，孤鹤寒啸，游鸿远吟，樵苏一叹，舟子再泣。[1] 诚足悲忧，不可说也。

3. 哀乐两极，有待调济

清代学者王夫之《姜斋诗话》提出："以乐景写哀，以哀景写乐，一倍增其哀乐。"以此称道《诗经·小雅·采薇》最后一章描写情景的哀乐调济写法，形成强烈反衬："昔我往矣，杨柳依依。今我来思，雨雪霏霏。行道迟迟，载渴载饥。我心伤悲，莫知我哀。"[2]

现代文学史上，曾经存在揭露阴暗，也要点缀"亮色"；描写苦涩，也要留下些微回甘的审美趣味，似为不成文规定。改革开放以来，作家写知青题材、某些特殊年代回忆录之类的文章时，往往会见到一些带有如此况味的作品。自然，对

---

[1] 夕景欲沉，晓雾将合：夕阳就要西沉，晨雾即将要合拢。对句交代时间，回到家书收尾上来，亦从旅途所见现场着眼。孤鹤寒啸，游鸿远吟：孤鹤在寒风中悲鸣，飞鸿在远处哀吟。按，笔法一揆：主观凄凉感受与羁旅物象直接组合。樵苏一叹，舟子再泣：樵夫一声叹息，船夫两次哭泣。樵苏，砍柴割草，本来属于动词，此处用作名词，指代砍柴割草的人。舟子，船夫。再，本意是指第二次，这里是为了跟"一叹"形成对文结构而使用。按：照应开端"去亲为客"情怀，对句景物中出现的渔樵人物，也染上游客的情感色彩。古代诗文评所谓："以我观物，故物皆著我之色彩。"

[2] 本章一韵到底。末句"哀"字，古音读法亦为韵脚字。哀，形声结构，从口衣声。

于这类写法，阅读者自身阅历经验的参与会起到很大作用。像现代文学史上鲁迅的短篇小说《药》的结尾，平添上一只花环，作者自道是"听将令"的结果，而其调济效果，也就可想而知了。

以往批评家往往将这类现象归结于某些外在因素的干扰，是比较表面的，这种写法的底层逻辑，是作为文化基因的"和道"潜意识在起作用。

五、神话传说调节史

1. 本事与原型——巫山云雨

范成大《过三峡记》中有：神女之事，据宋玉赋，本以讽襄王。其词亦止乎礼义。如"玉色頩以赪颜，羌不可兮犯干"之语，可以概见。后世不察，一切以儿女子亵之。余尝作前后《巫山高》以辩。今庙中石刻引《墉城记》，瑶姬西王母之女，称云华夫人，助禹驱鬼神，斩石疏波，有功见记。今封妙用真人，庙额曰凝真观，从祀有白马将军，俗传所驱之神也。

巫峡山最嘉处，不问阴晴，常多云气。映带飘拂，不可绘画。余两过其下，所见皆然。岂余经过时偶如此，抑其地固然？行云之语，亦有所据依耶？世传巫山图皆非是，虽夔府官廨中所画亦不类。余令画史以小舠泛中流摹写，始得形似。今好事者所藏，举不若余图之真也。①

---

① 本文节选自范成大《吴船录》，题目是编者所加，全书记录了作者离蜀回故乡时沿途的风景与见闻（见于上海师范大学古籍整理研究所编：《全宋笔记》第七册第20卷，郑州：大象出版社，2012年，第76—77页）。

长期以来，"巫山"及相关联类词语，功能调节趋于一边，内涵发生遮蔽。我们依托魏晋南北朝及隋唐五代石刻语料库标注"巫山（巫岭）""行云""行雨""云雨"等记录，以出土文献有关"巫山"类词群功能为线索，考察隋唐社会"巫山"类词语发现，此词虽为女性所专用，尚具有多方面使用功能，或为女性世间生活之中性词，或为女性容德之美饰词，取向为肯定性价值观念。语料库"巫山"词群标注数据表明，此词于魏晋南北朝滥觞，隋唐使用范围宽泛，而晚唐五代基本不用，是唐代以降愈用愈窄之例。

唐总章二年《张君妻朱氏墓志》："夫人分华秾李，写丽夭桃。婉质霞升，若桂梁之晖晓日；清心玉映，似兰沼之镜初虹。"为古书描写佳人惯技。其中"分华"组合，使用"分"字，几若不费力者。① 而稽考隋唐石刻，"巫山"类词语在女性赋形传神方面，作用远胜草木。

据隋唐五代石刻语料库标注，具有与"巫山"相同功能的、可以相联类的词语，至少还可以找到"巫岭""高唐""巫洛""行云""行雨"，等等。这类词语有专门的使用对象，功能相当，这里统称为"巫山"类词群。长期以来，"巫山"类词群的使用，一般与两性密约偷期、欢会交接，甚至淫佚流荡发生联系：功能趋于一边，内涵发

① 于后来的词章家中也可见到类似的字法，如宋代诗人杨万里有诗句："梅子留酸软齿牙，芭蕉分绿与窗纱。"（出自其《闲居初夏午睡起二绝句》之一。）

生了遮蔽。①

"巫山"类词语在使用上的偏转倾向，到底是何时发生的呢？此属汉语史文化史课题。隋唐五代石刻语料库查询统计"巫山"有 38 次的使用范围及频率（包括变形的"巫岭"之类）。从简单标注的结果来看，算不上高频词例，但是，语料库标注的困难在于，与"巫山"功能相当、作用对等，可以算作功能同类者，尚有"行云"（28 次）、"行雨"（15 次）、"云雨"（27 次）等记录。唐龙朔三年《斛斯处士张夫人墓志铭并序》中有："夫人珠泉育彩，俪冰镜以凝鲜；玉树分柯，掩莲华而荡色。婉顺成范，淑慎开基。每警志于风规，不怠公于纮组。对庭花之四照，屏龙匣于春楼；眺川霞之九光，振鸳□于秋杼。既而温□□□□誉斯芳。亦既有行，作嫔君子。媚松□以合契，荐琴瑟以□□。岂谓荆台灭云，仙仪奄□。□泉逝水，嘉好长违。"铭文应曰："既称阴质，后胤鲜辉。巫山孕彩，素月光飞。"一篇之中，序曰"荆台"，铭称"巫山"。巫山"阳台"又转型为"荆台"，而功能依旧。②

---

① 《红楼梦》第五回最是全书纲领，警幻仙姑棒喝点化顽石："尘世中多少富贵之家，那些绿窗风月，绣阁烟霞，皆被淫污纨绔与那些流荡女子悉皆玷辱。更可恨者，自古来多少轻薄浪子，皆以好色不淫为饰，又以情而不淫作案，此皆饰非掩丑之语也。好色即淫，知情更淫。是以巫山之会，云雨之欢，皆由既悦其色，复恋其情所致也。吾所爱汝者，乃天下古今第一淫人也。"

② 对这些记录集中统计分析，就会发现"巫山"类词语，其实正是传世文献所忽略不察、当时流俗崇尚风气扇被的集中体现。这类词群仅靠形式标注，往往无法联类提取，由此成为出土文献语料库加工的难点。分类分析其功能联系，是这类词语标注的基础。

以出土文献为线索考察，至少隋唐之际，"巫山"类词群用于女性之身，均是中性词抑或美词，功能多边，意蕴丰富。而且涉及女容女德，称得上美性专有美词。

女容"巫山"，不妨女德兼备，相互统一，具在一体。于是体艳"巫山"，无碍"清静"；而蕴精"巫洛"，依然"端淑"。隋唐墓志"巫山"类词语，构成女性专用"阳光"美词，使用尚未转晦。①

---

① 隋仁寿三年《张俭及妻胡氏墓志》："夫人安定胡氏，体艳巫山之下，质研汉皋之曲，六戚重其风流，四业闻于州内。为成七子，频迭三移，自尔霜居壹十八载，善始令终，兰霜雪白。方习宝女于佛家，学胜鬘于阇国，菩提之愿未充，净土之符已至。"隋仁寿四年《冯君妻李玉婍墓志》："夫人感灵离兑，蕴精巫洛，端庄令淑，应图合礼。有德有容，非由傅母之训；既柔既顺，无待诫女之书。年十有九，适于冯室。言告言归，结松萝于君子；如兄如弟，助苹藻于先人。"隋大业十一年《董氏卫夫人墓志》："巫山暮雨，洛浦朝霞。展如淑媛，似玉方花。"唐先天元年《长孙氏墓志》："洛川东注，流风回雪之光；巫岭南临，暮雨朝云之色。"唐《纪慎妃陆氏墓碑大唐纪国故先妃陆氏之碑》通篇残缺，即从所存文字言，所谓"……天情简素，禀性矜庄"，而"春椒起咏，艳夸巫岫之莲；秋扃腾文，丽掩蜀江之锦"。亦见"巫岫"即"巫山"，纯乎修饰女性美词。唐太极元年《王天墓志》："夫人雍氏，郁浦腾姿，巫山诞粹。河阳花白，凝出合之新妆；天上星飞，缀承权之媚魇。下酌家人之繇，旁稽内则之篇，九日则秋菊摛铭，三元则春椒献颂。岂只断机流训，还鱼作诫而已哉！兰薰而摧，玉贞则脆，逝水不返，行云其销。以太极元年二月廿七日终于私第，春秋八十有八。"唐上元二年《杨偘墓志》："夫人李氏，即尧亭司马之长女。笄年已往，适于杨氏，言从礼匹，君子好仇。婺婉腾姿，景翠洛滨之雪；娥晖孕彩，表质巫山之云。育训胎□，危心野敬。"唐乾封元年《太宗文皇帝故贵妃纪国太妃韦氏（珪）墓志》："太妃承百代之芳徽，资□和之秀气。降淑霏于月景，分丽彩于星区。玉度凤彰，兰仪早郁，天情简素，禀性矜庄。夭华迈桃李之姿，修短合秋纤之衷。忧勤绨绤，肃事言容。既受教于公宫，亦遵训于（转下页）

郁浦、巫山、巫岫，描写美姿美质；逝水、行云，可以对文使用。墓志铭刻，属当盖棺定论之际，关乎人生品格之大过节，价值取舍之真态度，自非寻常泛泛可比。

"巫山"类词语，纯乎描写佳人内美，兼及修能：

隋大业十年《席氏墓志》："巫山旧□，洛□虚□。何如□□，定巳胜仙。秀宕皎洁，丽质芳鲜。"[1] 虽文字多磨灭，但依然可见以巫山、洛水为女性陪比。又以"鲜"字状丽质，得未曾有。隋大业十年《鲍宫人墓志》："宫人训范兼该，故允兹德选。何期不永，遽夭妍姿。痛云雨之须臾，嗟神仙之飘忽。"[2] 宫人"训范兼该，故允兹德选"，而鲍氏卒，时年卅六。故有"云雨须臾"之痛。是知"云雨"者，即青春女性之代称。唐开元九年《裴自强墓志》："夫人京兆杜氏，晋镇南将军当阳成侯预之十一代孙，皇朝汝州郏城县令立素之季女也。洛川霞月，巫山云雨。翡翠奋翅，凤皇于飞。柔顺有闻，誉延中外；言行无玷，声成阃阈。"[3] 唐永淳元年《西宫二品昭仪志铭并序》："禀淑济姜，姿和宋子。挺瓠犀之丽质，蔚蜻领之孂容。处子□霜，远闻姑射；仙巫行雨，近映

（接上页）师氏。飞彩笔于花旦，则鹤崎鸿惊；披绣册于娥宵，则敦诗悦礼。春椒起咏，艳夺巫岫之莲；秋□腾文，丽掩蜀江之锦。乔枝比操，□□方和。德声闻于九皋，善言应于千里。"

[1] 北京图书馆金石组编：《北京图书馆藏中国历代石刻拓本汇编》第10册，郑州：中州古籍出版社，1989年，第101页。

[2] 北京图书馆金石组编：《北京图书馆藏中国历代石刻拓本汇编》第10册，郑州：中州古籍出版社，1989年，第112页。

[3] 北京图书馆金石组编：《北京图书馆藏中国历代石刻拓本汇编》第21册，郑州：中州古籍出版社，1989年，第155页。

阳台。体惠问于幽闲，班书比丽；蕴柔词于内训，蔡笔齐芳。"① 唐龙朔二年《太妃王氏墓志》："诞斯贞淑，类巫山之郁云；育此妍姿，若高唐之泄雨。太妃禀灵神婺，孕彩仙娥。充选椒庭，承仪桂殿。"②

全面反映"巫山"类词语所修饰女性美质修能，可参考燕圣武元年（756）《马凌虚墓志》：

> 黄冠之淑女曰凌虚，姓马氏，扶风人也。鲜肤秀质，有独立之姿；瑰意蕙心，体至柔之性。光彩可鉴，芬芳若兰。至于七盘长袖之能，三日遗音之妙，挥弦而鹤舞，吹竹而龙吟。度曲虽本于师资，余妍特禀于天与。吴妹心愧，韩娥色沮，岂唯专美东夏，驰声南国而已。与物推移，冥心逝止，厌世斯举，乃策名于仙官；悦己可容，亦托身于君子。天宝十三祀，隶于开元观。圣武月正初，归我独孤氏。独孤公贞玉回扣，青松自孤，渊敏如神，机鉴洞物，事或未惬，三年徒窥；心有所□，一顾而重。笑语晏晏，琴瑟友之。未盈一旬，不疾而殁。君子曰：华而不实，痛矣夫！春秋廿有三，遂以其月景子窆于北邙之原。祖玄明，梁川府折冲，父光谦，歙州休宁县尉，积善之庆，钟于淑人，见托菲词，纪兹丽色。其铭曰：惟此淑人兮，秾华如春；岂与兹殊色兮，而夺兹芳辰？为巫山之云兮，为洛川之神兮？余不知其所之，将欲问

---

① 北京图书馆金石组编：《北京图书馆藏中国历代石刻拓本汇编》第 39 册，郑州：中州古籍出版社，1989 年，第 80 页。

② 北京图书馆金石组编：《北京图书馆藏中国历代石刻拓本汇编》第 40 册，郑州：中州古籍出版社，1990 年，第 35 页。

诸苍旻。①

"巫山"类词语，关乎女性世间生活，并及两性交往之媒。是"巫山云敛，阳台雨绝"，可喻人间分张，阴阳契阔。

隋仁寿四年《马穆继室张姜墓志》："夫人资于事亲，躬奉训戒；教于宗室，足闻诗礼。苹藻维敬，纮綖是勤。周建德六年后，适信州典签扶风马老生，以为继室。"而其铭文则曰："相韩累世，佐汉重藩。封侯万户，画地千门。四德无爽。三从维一。训子停机，从夫有秩。霜分桂菀，雪减兰林。朝梁日去，秋水莲沉。风气已悲，松声即古。高唐此夕，应无行雨。"同时，相关联类"云雨"，施之于女性，而无关好色而淫者。其中"停机"，典出《后汉书·列女传》乐羊子妻，犹《红楼梦》宝钗判词"可叹停机德"之"停机"。

唐乾封元年《支郎子墓志》："容华挺洛浦之回风，秀质与旦云之迥绝。既而礼则俱备，德洽支君。琴瑟调谐，闺房令范。岂谓延平之剑，翻没双龙；巫山翠云，忽成霜露。"唐乾封二年《王和墓志》："任石忽摧，巫云已灭。玉树韬彩，瑶花掩晰。"唐天宝三年《范如莲花夫人墓志》："高祖预，祖义慎，父玄琛。并才韵卓荦，风调闲雅。慕梁竦之平生，恐劳郡县；咏陶潜之归去，遂乐田园。由是冠冕陵迟，夫人因为平人也。凝脂点漆，独授天姿。妇德女功，不劳师氏。始以色事朝请大夫行河内县令上柱国琅邪王升次子前乡贡明经

① 北京图书馆金石组编：《北京图书馆藏中国历代石刻拓本汇编》第35册，郑州：中州古籍出版社，1989年，第169页。

察。送深目逆，调切琴心。昔温氏玉台，愿投姑女；汉王金屋，思贮阿娇。方之宠焉，未足多也。而夫人犹自谓桃根卑族，碧玉小家。"铭文："巫岫云没兮河阳花死，地久天长兮空存女史。"直言女性以色事夫，至于送深目逆，调切琴心，是巫云关乎男女两性情感能量的交互传递。

巫山之云、洛川之神，不但为美女化身，亦关涉美德。

唐贞观十二年《唐逊妻柳婆归墓志》："夫人讳婆归，字尼子……夫人承教义之余风，禀端庄之美操。三星比曜，四德连华……遂使长原膴膴，空旌节妇之坟；陇树萧萧，徒表贞妻之墓……仙路云飞，巫山佩响。停机奉箒，成规合象……式表贞坟，传芳无已。"唐贞观十四年《张君妻秦祥儿墓志》序文铭文，刻辞不惮重复："夫人讳详儿，字尼子……夫人承教义之余风，禀端庄之美操。三星比曜，四德连华。十五之年，言归君子。躬俭节用，内位克修。孝敬以闻，言容以度。怡声奉箒，事姑之礼尽焉。举案齐眉，为妻之仪。""式备九仪，言从百两。仙路云飞，巫山佩响。停机奉箒，成规合象。日往月来，烟销雨灭。未秋莲碎，方春桂折。"唐永隆二年《康枕墓志》："夫人曹氏，承懿方池，蕴资圆水，贞顺闲雅，令范端详，受训公宫，母仪私室。俄潜月浦，奄翳巫山。"唐垂拱三年《周君妻公孙平墓志》："夫人含姿洛雪，孕彩巫云。四德爰摽，迥符于箴训之则；六行方秀，远合于细纴之模。"唐垂拱四年《梁寺及妻唐惠儿墓志》："夫人晋昌唐氏，名惠儿，后魏骁骑将军李郡守契之七叶孙，故即司农寺长乐监敏之第二女也。巫山降祉，异位摘精，挺琬琰以成姿，怀冰霰以清虑，纂组织纴之务，早擅女工；幽闲婉嫕之规，夙彰妇德。恭谦娣姒，宗族所以推先；肃事舅姑，闺门由其作训。""巫山"类词语，不限女容夸饰，同时配合女德修饰。唐神龙二年《陈泰墓志》："夫人常山房氏。巫云授彩，洛雪凝姿，箴诫两兼，容德双美。"可谓一体双边，善颂善祷。

"巫山"与高唐、阳台、行云同类，成为修饰女性形容动静的典雅词头。

山、台、唐、云、水，均系描状妇容之好、修态之美之词。隋大业三年《元君妻崔暹墓志》："女工莫比，妇容绝群。素裁团扇，锦织回文。洛浦疑雪，阳台似云。宛如今见，何独前闻。"隋大业九年《陈氏墓志》："徘徊云气，尚类高唐之下；离合神光，犹似伊水之侧。"唐垂拱元年《张夫人（贞）墓志》："仿佛贞姬，窈窕淑女。洛滨拾翠，巫山行雨。粉白黛黑，清歌妙舞。雁起鸣砧，蚕稀弄杼。"

具有特殊身份气质的宫女，以"巫山"类词语修美，成为隋代墓志的固定格式。隋大业二年《朱氏墓志》，题名为"著作郎诸葛颖制"篇中有："宫人朱氏，神泉孤涌，灵芝特秀，女节妇容，声被彤管，佩兰摇玉。勤着紫庭，来谓凌波，去疑升月。其铭云：白日难见，玄扃不开，朝云暮雨，何时复来？"隋大业九年《豆卢氏墓志》："宫人姓豆卢……尔其内仪可轨，女德斯备……云销巫岭，雨齐高唐。"（齐必霁字之用。以原拓字形上部模糊，或释作齐）隋大业十年《田氏墓志》："采女幼而令淑，选入后宫，誉流椒掖。方迁显职，享此遐年。而名香不焚，行云斯歇。"隋大业十一年《故宫人司饰丁氏墓志》："宫人以国华入选，邦媛推妍，仪范可嘉，箴诫有则。"铭文则以高唐洛浦陪比"美玉"："波生洛浦，云起高唐。如何暂睹，倏忽销亡。魂归蒿里，身去兰房。华舍翳粟，美玉沉璜。"国华，犹言一国之花魁，"国手"结构是其同类。

大凡宫女，其统一审美要求为"慎美"（见隋大业十年《唐氏墓志》），而隋唐社会亦无妨径以高唐、阳台、行云为固定修饰。由此可知，高唐洛水修饰女性，词头典雅，以示其内美有渊源，修能有来历，故庄重其词，洵非小家碧玉可得比方者。唐龙朔元年《故七品亡典饩墓志》铭文："洛川回雪，飘杨暂明。巫山行雨，倏忽还晴。风□□逝，阅水空惊。一随化往，千花飞名。"唐载初元年《九品亡宫墓志》："浮沤雅制，共彤史而俱传；行雨仙云，带草露而俄尽。"洛水、巫山、云雨，关联宫女生活。

唐永昌元年《独孤丞长女独孤婉墓志》称"少女"："谢庭飞雪，初散影而飘飖；巫岭行云，遽韬光而歇灭。"是"巫岭行云"，径为少女青春代称。

2. 单位观念调节史——高唐及阳台

"高唐""阳台"之类，为佳人所专，长期以来，几成盖棺定论，而今人会心，相去已远。

唐永徽六年《王瑷达墓志》"高唐独绝，阳台可怜"两句铭文，有注家出新解为"高唐阳台，伊人已去，孤独凄绝，蜗蜗可怜"，实不能通贯构词用例。虽弥缝多方，仍不免突兀生硬。几类胡越肝胆、南辕北辙。"高唐、阳台"句，与"花耀芳囿，霞绮遥天。波惊洛浦，芝茂琼田"紧接，谓高唐佳人，绝世独立（"佳人独立"上举《马凌虚墓志》所谓"鲜肤秀质，有独立之姿；环意蕙心，体至柔之性"，适为的诂），阳台交接，适足爱怜。是高唐、阳台，美词佳人，功能相当。①"高唐"，石刻或作"高堂"，见隋大业十一年《采女田氏墓志》："波生洛浦，云起高堂。"若一定依靠"巫山"渲染女性生活孤苦，其必如唐大和四年《李清墓志》中："夫人贾氏，家本儒宗。令淑令问，作仪作工。秦台奄月，巫峡悲风。"

由上文可见，"巫山"及相关联类词语演变发展的历史过程，其深层结构所体现的正是各个时代对于一类词语使用的中和调整乃至纠偏，俾有当于不同时代的偏向转换调整要求。语料库"巫山"词群标注数据表明，此词在魏晋南北朝尚属滥觞，隋唐使用范围趋于宽泛，而晚唐五代消歇至基本不用：是唐代以降，愈用调和愈窄之例。②

---

① 如隋大业八年《沈氏墓志铭并序》铭文所云："人风疑雪，依台若云。椒花解颂，竹杖能文。"此"依台若云"，恰可移释彼"阳台可怜"。又原拓整理释文或作"人风"，不辞非对。当作"人风"，描写动态，与"依台"对文。
② 臧克和：《遮蔽的"巫山"——隋唐石刻有关"巫山"类词群标注及语用考察》，引自《读字录》（中册），上海：上海古籍出版社，2022年，第650—663页。

汉字中的"和道"文化思想

第六章

"和"的哲学观念

在文化思想史上，"和"字所标记的关键词，称得上是贯穿古今、表征民族属性的核心范畴。

第一节 "德称其服"

一、"德"具调和功用

金文

战国楚简

古陶文　　秦诅楚文　　　　侯马玉石盟书　　　　汉印

石刻篆文

石刻古文　　　　　　　　　　说文小篆

说文古文　　　西汉马王堆汉墓简帛书　　　西汉张家山简

西汉居延新简　　东汉冯君碑　　东汉淮源庙碑　　东汉景君碑

东汉三老刻石　　东汉唐公房碑　　东汉西狭颂　　东汉夏承碑

东汉鲜于璜碑　　东汉杨震碑　　东汉杨著碑　　东汉尹宙碑

东汉圉令赵君碑　　　东汉张迁碑　　　三国魏正始石经

德字原其始，具有中性功能意义。① 《易经·系辞下》称："天地之大德曰生。"其中的"德"，指向属性，即"特性"之谓，整个语句结构是说天地最大的特性在于好生。

从上述字形结构的历史演化序列来看，"德"字至周代金文始孳乳"心"符。② 《说文·心部》曰："悳，外得于人，内得于己也。"这在训诂学上属"声训"的方式：悳之言得也，得、合也，即内外相符合是为德。上海博物馆藏《战国楚竹书·孔子诗论》第九简"天保丌得彔蔑置矣巽寡悳古也"，可以句读作"《天保》其得禄无疆，巽寡悳古也"，从而理解为："《天保》所歌咏，将获得无边福禄，是由于具食精洁、合乎古礼。"参见第二章第五节关于"宜""俎"字的脚注。③

————————————

① 古代刘伶颂"酒德"、马融赋"琴德"、《韩诗外传》列举"鸡有五德"等。又参考臧克和《〈尚书〉文字校诂》释"诰"部分第三节"德的多边"：由诰类文献有关刑法用字反映出的祭政合一、天人交通、恩威并用、赏罚兼济、守常处变的法原基础所规定，《尚书》文献中"德"字使用相应呈现出比较复杂的结构特点。具体统计分析，在二十八篇"今文尚书"中，德字共使用了117次，其中诰类文献占了大半；在这些地方，"德"字还较少见到像后来所习用于"道德律"的一边倒的字义，而是兼具正邪明晦赏罚褒贬的品质，甚至还指涉一般事物之特性。臧克和：《〈尚书〉文字校诂》，上海：上海教育出版社，1999年，第743页。

② 此前商代甲骨文中有一批从彳直声的结构，例如 𫞎（甲骨文合集20545片）、𫝢（甲骨文合集20546片），其中直符所作，显而易见与后来的周代铭文"德悳"之间的构造成分是一致的。商代甲骨文尚未发现有从"心"符的字形结构，这里没有径直将其列入结构序列。

③ 钱锺书：《管锥编》第四册，《钱锺书集》，北京：生活·读书·新知三联书店，2008年，第2109—2121页。

由此，讲究"中和"的社会思想基础，便是"德称其服"的调和讲究。表里相"得"，即统一谐调的道德价值取向。春秋战国时代就有人认识到：要想挽救道德沦丧、人欲横流的社会颓风，必须在道德价值取向方面作这样一番调节平衡功夫，这便是汉代人对"德"字解释的文化背景。①

二、象服·修身

1. 服饰与法象

《尚书》集中讲到"象服"内容的地方是《皋陶谟》（伪古文尚书分到《益稷》篇），舜帝与大禹等讨论治国大计时提到：

予欲观古人之象，日、月、星辰、山、龙、华虫，作会；宗彝、藻、火、粉米、黼、黻、絺绣，以五采彰施于五色，作服，汝明。

这段文字集中讲了古人服饰上的图像含义及其取材来源。按孔传的解释，这类欲宣示于人的服制，根本上是一种古代的"法象"。这类古代"法象"从取象内容来看，有两个来源：一个是取于日月星辰山龙华虫等的自然图形，一个是取于宗彝藻火粉米黼黻絺绣等的人事图案。这反映了古代人观物取象的两大基本类型：一是远取诸物，一是近取诸身。正是由于这一服饰之象即涉及古代人观物取象的两大基本类型，所以中国历史上长期以来一直存在"德称其服"的价值判断。②

---

① 例如，《左传·桓公二年》讲到"文物昭德"关系，《襄公三十一年》也表述过"德行可象"。

② 臧克和：《〈尚书〉文字校诂》，上海：上海教育出版社，1999 年，第680 页，第三部分释"象"。

2. 内美与修能

"修"字结构，金文记录使用"攸"或"脩"字，石刻篆文及《说文·彡部》小篆，已经将声符攸结构中间的氵符改换为丨笔，后世文字记录与之一脉相承，例如：。

修以攸为声符，攸符出土文字记录多见且时间很早：

甲骨文

金文

战国楚简

以彡为形符，"攸"的结构保存于《说文·攴部》。攸不仅是构成"修"的声符构件，而且出土的金文楚简文献等就拿攸作为修来使用。攸先修后，二者明确分工，已经是后面的事情。

要深入了解"修"字所承载的文化信息，有必要联系这个"攸"字来考察。金文、战国楚简和《说文》所存石刻篆文都是由汝、人构件组成，从人汝声结构，只是有的省略水形，有的省略人符。结构意义与水有关，但楷书根据上列不同阶段的书写变化，将中间的水形省为一竖笔。因此，现在无法认识"攸"的构成要素是水的联系了。后来字书里出现了一个"浟",其实就是由于"攸"字原本具有的跟水的联系中断之后,再添加水符加以强调的结果。攸字结构表明与某类动作行为有关,所以《说文》归支部。

"修"字构造的基本意义是"修饰",需要进一步分析的是,在比较原始的阶段,"修饰"的内容和方式到底是什么?要明确这一点,还要从最基本的"修饰"记录出发。我们看与"修"构成并列的"饰"字,由"巾"这一构件构成,而巾是用于"拂拭"的,《说文·巾部》就将"饰"字解释为"拭"。顺着这条线索,可以联系到上面提到的"修""攸"的关系。攸字结构中包含水的成分,由此可以发现,开始的"修饰"实质上就是"洗涤"。这个"涤"字跟"修"字也存在读音、结构方面的密切联系:涤的繁体为滌,滌字的声符是條,條字声符也同样是攸。

《楚辞》表现战国时期楚国屈原"好修",具体到《离骚》描写就是具有"内美"之后以"修能"匹配:"纷吾既有此内美兮,又重之以修能。扈江离与辟芷兮,纫秋兰以为佩。汩余若将不及兮,恐年岁之不吾与。朝搴阰之木兰兮,夕揽洲之宿莽。"

古代盛行的"修禊",就是于农历三月上旬的巳日(到三国以后始固定为三月初三)到水边嬉戏,以祓除不祥的民俗活动。晋人王羲之《兰亭集序》记载:"永和九年,岁在癸丑,暮春之初,会于会稽山阴之兰亭,修禊事也。"从相关礼仪来看,中国古代人讲究的"修身",跟西方流行的"洗礼"是否还存在某些精神相通之处呢?

修字类比发展使用,诸如修建、修理、修书等。修饰事物是为了使其更加美好，品行、学问方面的锻炼和学习也是为了自我完善。从修饰的效果着眼，又可以用来记录形容词，意为长、美、善，如"茂林修竹"等，由外在类比进而到内在——不妨视为内在、外在协调的发展结果。

三、德称其服

《尚书·尧典》载："明试以功，车服以庸。"《说文·言部》曰："试，用也；虞书曰：明试以功，车服以庸。"该句尚见于《汉石经》，《春秋公羊传·桓公元年》云：言车服以庸者，民功曰庸，若欲赐车服之时，以其治民之功高下矣。按"明试以功，车服以庸"语意相承，该处包孕了古代思想史上一重要意蕴，似一向尚未经拈出：即春秋时代标举的已是"德称其服"的价值判断，而《尚书·尧典》时代流行的还是"庸（功）称车服"的标准。

在"德称其服"的规则当中，服字指向的是与内在德行相协调的一切外在"德饰"。《左传·襄公二十八年》记载了"德行"必须与外在文饰统一的内容。齐人庆封献给鲁国的季武子一辆车子，就是因为车饰过于华美，光泽能够鉴人，就引得展庄叔大惊失色："车甚泽，人必瘁，宜其亡也！"指的就是人的德行与外在的车饰不相协调。

这方面的讲究，还包含了仅具装饰意味的"佩饰"。《诗》中也每每传达出这个信息。《诗经·卫风·芄兰》据《序》称是刺"惠公无礼"，这在本篇中的具体表现就是"童子佩觽"，问题也是出在这服饰上面。在《毛传》看来，"觽所以解结，成人之配也"。《说苑·修文篇》："能治烦决乱者佩觽。"因此，清代学者马瑞辰就这样联系："古人配以象德，今无德而但有其佩，故诗以为刺。"《诗经·大雅·抑》一章"抑抑威仪，维德之隅"也同样表述了外在的仪表与内在的德行相配合协调的规范要求：隅、偶均从禺读，故而两字于例可通用，"隅"当是"偶"的借字，《通释》"汉刘熊碑作'维德之偶'"即两字通用之证。偶，匹偶、相配合之意。内在的"德行"与外在的标志服饰两者要相称、平衡，这在古代典籍中，触处皆是。①

四、丽而不奇

"德称其服"的道德律，其中的"服"字本身包含着矛盾性，即"服饰"具有既可装饰，又可修饰，既可"彰显"，亦可"遮蔽"的二重含义。殷商时代的"章甫""章服"，大概就是用彩色图案施于冠服，以鲜明地标志人的身份。所以，古代"衣裳"一词，自然就存在两种相反相成的说法：既可装饰，又可掩饰。《白虎通·衣裳》中有："衣者，隐也；裳者，障也。"而《尔雅·释言》中言："黼黻，彰也"，又《礼记·表记》中提到："衣服以移之"，郑玄注："移犹广大也"，孔颖达为之疏解说："使之尊严也"。综合注、疏的意思是：衣服可以使人身显著昭彰，从而表明身份之尊严。这样，此处的"衣裳"与《白虎通》训"障"相对而成为"彰"了。但是，"彰"之于"障"，一显一隐，实则相反相成。从思维逻辑来说，"隐为显之反"。《说文·阜部》中有："障，蔽也。"

---

① 臧克和：《汉字单位观念史考述》，上海：学林出版社，1998年，第181页，第六"德"字类。

障字的声符也是"章",遮"蔽"了光明才算是"障"。说"障"义是必先有"彰"义在,否则就无所谓"障"了。这种"同根同源"反方向聚合的现象,实际上是传统的辩证思维在汉语词义独特的反向类比发展规律的体现。

楚地好"奇服"与"丽而不奇",《楚辞》一文传达出屈原身上并不仅体现着南方文化精神,而且具有多元的色彩,这使屈原及其作品成为透示中国文化精神的一个特殊视角。《离骚》长篇自恃"皇考伯庸""高阳苗裔"的内在美德,时时进取,处处"好修",以使"内美"不亏:被明月、佩宝璐、芳草纷披、切云崔嵬……甚至放言号召"好奇服"。同样,《招魂》描写除了口腹之奉、妻妾之美,尤其突出服饰的"被文服纤,丽而不奇些"。[①] 当时或以"中和"的道德价值

---

① 《管锥编》第二册论《楚辞洪兴祖补注》第17条"丽而不奇":《补注》:"不奇"、奇也,犹《诗》云:"不显文王",不显、显也。言美女被文绮绣,曳罗縠,其容靡丽,诚足奇怪也。按以"不奇"为"奇",即王引之《经义述闻》卷32《语词误释以实义》之旨。"奇",奇邪也,《左传·僖公二十二年》所谓"服之不衷"。《文子·符言》:"圣人无屈奇之服,诡异之形。"《晏子春秋》内篇《问》上之十六:"六冠无不中,故朝无奇辟之服。"《荀子·非相》:"美丽姚冶,奇衣妇饰。"正此"奇"字。"丽而不奇",犹"威而不猛""谑而不虐""哀而不伤""好色而不淫"……钱锺书:《管锥编》第二册,《钱锺书集》,北京:生活·读书·新知三联书店,2008年,第970页。

　　按:南北风土文学有异同,结构的调和也存在差异。上文所举南方《楚辞》,即本地风光,"奇服"足称奇异装饰,未许胡越结为肝胆:《涉江》:"余幼好此奇服些,年既老而不衰。"又如《思美人》:"吾且儃佪以娱忧兮,观南人之变态。"《离骚》被明月、佩宝璐、芳草纷披、切云崔嵬……直至放言明昭大号"好奇服"。《招魂》描写除了口腹之奉、妻妾之美,尤其突出服饰的"被文服纤,丽而不奇些"。

判断风尚还未被楚,并未遭到多少物议。而且,在后人看来,"德"与"服"果真可以统一的话,有美德自然要有丽饰,要得到社会("国人")的承认,也是合乎"德称其服"的道德价值取向的。但是,一到汉代,屈原这个士人,便成了一个"有争议"的人物。西汉的扬雄、东汉的班固等,就是拿"德不称服"的道德判断来非难屈原为"扬才露己"。与这种风气相统一,甚至连汉初还在宫廷流行的楚地音乐("汉宫多楚音"),也由于"中和"标准的律而被斥为"乐而淫""哀而伤""怨而怒"的"过音"。这种"德称其服"的价值判断及其发展,从上古开始便围绕着对屈原的评价传递出来。

要之,古代有一个时期确实存在过一种"具有何德,必露于文;发为何文,必征其德"的"文德"协调精神。在"德称其服"观念史演进过程中,"德"的调和功能构成民族语言文字的深层结构。

第二节 "和"而不同

钱锺书先生所著《管锥编》第一册"《左传正义》"第56节"昭公二十年"揭示"和别于同",表述为"和"为"待异而后成""同必至不和,而谐出于不一":

齐景公曰:"和与同异乎?"晏子对曰:"异!和如羹焉,水火醯醢盐梅,以烹鱼肉,燀之以薪,宰夫和之,齐之以味,济其不及,以泄其过……君臣亦然。-君所谓可,而有否焉,臣献其否，以成其可：君所谓否，而有可焉，臣献其可，以去其否……声亦如味，一气、二体、三类、四物、五声、六律、七音、八风、九歌以相成也，清浊、大小、短长、疾徐、哀乐、刚柔、迟速、高下、出入周疏以相济也……若以水济水，谁能食之？若琴瑟之专一，谁能听之？同之不可也如是！"按《国语·郑语》史伯对郑桓公曰："夫和实生物，同则不继。以他平他谓之和，故能丰长而物归之；若以同裨同，尽乃弃矣……声一无听，物一无文，味一无果，物一无讲。"《论语·子路》章"君子和而不同"句，刘宝楠《正义》引《左传》《国语》之文释之，当矣。《管子·宙合》篇论君臣之道如"五音不同声而能调，五味不同物而能和"，已蕴晏、史之旨。史不言"彼平此""异物相平"，而曰"他平他"，立言深契思辨之理。《孔丛子·抗志》篇云："卫君言计是非，而群臣和者如出一口。子思曰：……自是而臧之，犹却众谋，况和非以长乎？"子思之"和"，正晏、史之"同"也。《淮南子·说山训》中有："事固有相待而成者：两人俱溺，不能相拯，一人处陆则可矣。故同不可相治，必待异而后成"，高诱注全本晏子语。晏、史言"和"犹《乐记》云："礼者，殊事合敬者也，乐者，异文合爱者也"；"殊""异"而"合"，即"待异而后成"。古希腊哲人道此，亦喻谓音乐之和谐，乃五声七音之辅济，而非单调同声之专一。赫拉克利都斯反复言，无高下相反之音则乐不能和，故同必至不和而谐出于不一。柏拉图尝引其语而发挥之，并取譬于爱情。

"协调"之"协"，字形结构繁体为協，各期出土文字分别作：

甲骨文

金文

石刻篆文	东汉封龙山颂	晋辟雍颂	北魏穆亮墓志

北魏元洛神墓志　北魏元乂墓志　北齐高淯墓志　隋李氏墓志

唐屈突通墓志　　唐干禄字书　　唐石经五经　唐石经九经

会意兼形声结构：从劦（xié）从十，劦兼表音。"劦"为会意结构，从三力，"力"象农具耒形，全字会合力并耕之意。古文字或加"口"，表示众人齐声合力。《说文》小篆增"十"旁，从"十"表示众多。《说文》另有"愶"字，从劦从心，劦兼表音，会齐心协力之意。简体"协"是用两点代替繁体"協"的两个"力"，这种写法早在明代就有了。《说文》云："龢，众之同和也。从龠从十。臣铉等曰：十，众也。叶，古文協从曰、十。叶，或从口。""龢，同心之和。从龠从心。"《玉篇》："協，合也。《书》曰：协和万邦。"合力耕作需要相互协调、彼此配合得当。至于"龤"字，同样存在相同的来源。因此，《说文·思部》："龤，思之和也。"協協龤类结构，皆跟"和谐"存在同源关联。

《管锥编》增订一提到：按赫拉克利都斯所谓"和而不同，谐而不一"，古罗马诗篇中以为常语。苏格拉底尝谓国家愈统一愈佳，亚里士多德驳之曰：苟然，则国家将成个人，如和谐之敛为独音、节奏之约为幺拍。[1]

《管锥编》增订三：孟德斯鸠尝论亚洲之专制一统不足为训，政体当如音乐，能使相异者协，相反者调，归于和谐。正晏子所言"和"非即"同"也。文艺复兴时最喜阐发相反相成之理者，所见当推布鲁诺，谓专一则无和谐；近世美学家亦论一致非即单调。其旨胥归乎"和而不同"而已。晏子别"和"于"同"，古希腊诗人谓争有二，一善而一恶，前者互利，后者交残；"善争"与"和"亦骑驿可通者。[2]

第三节　《乐书》与"和"生万物

"礼别尊卑，乐殊贵贱。"据《史记会注考证》异文考察

[1] 独音、幺拍，对文一意。幺：单一。
[2] 钱锺书：《管锥编》第一册，《钱锺书集》，北京：生活·读书·新知三联书店，2008年，第391—393页。骑驿，驿站的车马，借指乘马传递公文或信件的人，此指二者间有沟通的媒介。

分析,《史记》八书之一的《乐书》,内容上跟西汉人总结的《乐记》具有相同的渊源,[1] 属于专题论述关于音乐和谐功能的文献。《乐书》篇500余字使用49处"和"字,用来描述"礼乐"之"音乐"的作用效果、乐理机制及其深层结构形式。[2]

一、乐象:声为乐象

诉诸听觉的气流乐音形象,称之为"声",简称"乐象"。[3] 根据乐象,乐可以分为和乐、淫乐,声有正声、奸

① [日]泷川资言:《史记会注考证》,杨海峥整理,上海:上海古籍出版社,2016年,第1340—1411页。
② 西汉《乐记》为现存最早的一部具有比较完整的体系的音乐理论著作,系先秦时期儒家的音乐美学思想总结而成。汉代整理《礼记》,将《乐记》列为第十九篇辑入。
③ 声音有肥有瘦。诉诸听觉审美判断,来得相对抽象,也会直接来源于饮食味觉、视觉这类认知主渠道。如果说音乐讲究和谐调剂,属于民族音乐共通原理,那么这种由类认知方式带来的调剂效果,或许可以说构成了中土传统音乐理论与其他音乐理论的区别。《礼记·乐记》:"肉好顺成和动之音作。"郑玄注:"肉,肥也。"又:"曲直繁瘠,廉肉节奏。"孔颖达疏:"'瘠'谓省约。……'肉'谓肥满。"《荀子·乐论篇》里有大同小异的话。《乐记》另一处:"广则容奸,狭则思欲。"郑玄注:"'广'谓声缓,'狭'谓声急。""广""狭"和"肥""瘠"都是"听声类形"的例子。
又,人类具有运用"和道"的本能,感官之间,可以挪移以至通用。云南科技协会《奥秘》第151期曾披露,现代医学上有一种说法叫"连带感觉",就是多种感觉并合在一起。华盛顿的塞托维医师多年来一直在研究为何有些人的感觉不是壁垒分明,而是混杂在一起的——听觉连带视觉、味觉连带视觉、味觉连带触觉。阿恩海姆《视觉思维》中论"联觉",参见阿恩海姆:《视觉思维》,北京:光明日报出版社,1987年,第180页。同时参见臧克和:《汉字单位观念史考述》,上海:学林出版社,1998年,第127—128页,第四部分"和"字类疏。

声。和乐，与淫乐相对，这里指的是和谐的音乐。《礼记·乐记》："正声感人而顺气应之，顺气成象而和乐兴焉。"淫乐、俗乐，通常被正统音乐理论看作是靡靡之音。

《乐书》中提到：凡奸声感人，而逆气应之。逆气成象，而淫乐兴焉。正声感人，而顺气应之，顺气成象，而和乐兴焉。倡和有应，回邪曲直各归其分，而万物之理以类相动也。[1]

所谓"淫乐兴焉""和乐兴焉"，对照《荀子·乐论篇》，分别作"乱生焉""治生焉"，是定义淫乐与和乐相对，前者为乱，后者为治。"倡和有应"，提倡者跟唱和者在民风人情上得到响应。[2]

文采节奏，作为乐象修饰。

《乐书》中提到："乐者，心之动也；声者，乐之象也；文采节奏，声之饰也。君子动其本，乐其象，然后治其饰。"

该处文字存在差异，其中"君子动其本，乐其象"比较费解。[3]《说苑》作"君子之动，本乐之象也"。

二、和乐及其生成

《乐书》中云："是故君子反情以和其志，比类以成

---

[1] 《史记会注考证》1382页脚注[4]：言顺气流行，民习成法，故乐声亦生于和也。（[日]泷川资言：《史记会注考证》，杨海峥整理，上海：上海古籍出版社，2016年，第1382页。）

[2] 《正义》认为：君唱之，天地和之，民应之，故云唱和有应也。见《史记会注考证》"乐书"部分。（[日]泷川资言：《史记会注考证》，杨海峥整理，上海：上海古籍出版社，2016年，第1382页。）

[3] [日]泷川资言：《史记会注考证》，杨海峥整理，上海：上海古籍出版社，2016年，第386页。

其行。"

《集解》引郑玄解释：反，犹本也。《正义》：民下所习既从于君，故君宜本情，不使流宕，以自安和其志也。

民众在下所熟习既然听从国君，因此国君应当以民情为本，用来调和自己的意志；效法和善之类，用来成就自身的品行。这是"和乐"即和谐音乐生成的深层结构。比类，此处作为动词使用，即仿效、效法。《礼记·乐记》中有："是故君子反情以和其志，比类以成其行。"孔颖达疏："比谓比拟善类，以成己身之美行。"

三、合生气之和

《乐书》提到："是故先王本之情性，稽之度数，制之礼义，合生气之和，道五常之行，使之阳而不散，阴而不密，刚气不怒，柔气不慑，四畅交于中而发作于外，皆安其位而不相夺也。"[1]

合，意思是"应"，"合生气之和"，即谓因应阴阳和谐。指先王制乐化民的宗旨及效果，其效果的表现形式，属于典型的阴阳调和结构："阳而不散，阴而不密，刚气不怒，柔气不慑。"指四气调节和畅相交于内心，从而表现于外在形式。

四、乐淫特点：哀而不庄，乐而不安

《乐书》有云："世乱，则礼废而乐淫。是故其声哀而不

---

[1] ［日］泷川资言：《史记会注考证》，杨海峰整理，上海：上海古籍出版社，2016 年，第 1378 页。《集解》郑玄曰："生气"，阴阳也。五常，五行也。《正义》：道，音导。行，胡孟反。合，应也。

庄，乐而不安。"

按：反过来证实"乐和"要有所节制，主庄严谨肃。乐而不安，指喜乐却不安静。《考证》本处脚注：若《关雎》"乐而不淫，哀而不伤"，则是有庄敬而安者在也。

五、"齐乐"的功用及其结构形式

《乐书》云："夫乐者，先王之所以饰喜也；军旅铁钺者，先王之所以饰怒也。故先王之喜怒皆得其齐矣。喜则天下和之，怒则暴乱者畏之。先王之道礼乐可谓盛矣。"①

齐，古乐曲名。《礼记·乐记》云："温良而能断者，宜歌《齐》……《齐》者，三代之遗声也。齐人识之，故谓之《齐》。"齐乐特点，为温良而能断，就是成语所说的"刚柔相济"，属于"和乐"的典型结构。在《乐书》的本节文字关于乐的功能描述中，乐就是先王关于喜悦的表现形式，"喜悦"的效果就是"天下和之"。

六、以"和乐"为标准，各地音乐特点

《乐书》子夏答曰："郑音好滥，淫志；宋音燕女，溺志；卫音趣数，烦志；齐音骜辟，骄志。四者皆淫于色而害于德，是以祭祀不用也。诗曰：'肃雍和鸣，先祖是听。'夫肃肃，敬也；雍雍，和也。夫敬以和，何事不行？"

淫志，指使人心志放荡，也用以记录偏正结构，指放荡

---

① 《考证》该处脚注 [2]：《练祭》"齐"作"侪"。《乐记》作"侪"，假借字耳。侪，出土秦汉简牍，尚未见记录，多见于北魏隋唐石刻。《考证》所见《乐记》作"侪"，标记为假借字，或《乐记》较为晚近抄本。

的心志。燕女，谓安于女色。溺志，指使心志沉湎其中。趣数，指节奏短促急速。烦志，扰乱心志。骄志，使心志骄纵高傲。数地音乐，皆有失于"和道"，而实际效果，心志也就皆违中和状态。

七、声歌，风雅颂、四时及朝代：相宜而和，万物生育

《礼记·中庸》有云："中也者，天下之大本也；和也者，天下之达道也。致中和，天地位焉，万物育焉。"表述为"万物生于和"的原则，在《乐书》里得到完整的传达：

> 子贡见师乙而问焉，① 曰："赐闻声歌各有宜也，如赐者宜何歌也？"师乙曰："乙，贱工也，何足以问所宜。请诵其所闻，而吾子自执焉。宽而静，柔而正者宜歌颂；广大而静，疏达而信者宜歌大雅；恭俭而好礼者宜歌小雅；正直清廉而谦者宜歌风；肆直而慈爱者宜歌商；温良而能断者宜歌齐。夫歌者，直己而陈德；动己而天地应焉，四时和焉，星辰理焉，万物育焉。②

> 故商者，五帝之遗声也，商人志之，故谓之商；齐者，

---

① 乙，古代乐谱用来记写七音的七种记音符号之一。历代各地所用记音之字常见者依次为"上、尺、工、凡、六、五、乙"七个字。因此，师乙为乐师之名。（［日］泷川资言：《史记会注考证》，杨海峥整理，上海：上海古籍出版社，2016 年，第 1393 页）

② 育，生育。出土古文字分别作 ![甲骨文字形]甲骨文、![金文字形]金文、![古陶文字形]古陶文，《说文》小篆从去（tū）肉声。"去"为倒写的"子"字。甲骨文为会意字，从人从倒子，或从每从倒子，"每"象戴头饰的妇女之形，全字会妇女生小孩之意。金文为会意字，从母从倒子，倒子下加小点，表示孩子出生时血水下滴，即连带表现出生育环境。《说文》或体为会意字，从每从㐬（tū），"㐬"由加了小点的倒子演变而来。

三代之遗声也，齐人志之，故谓之齐。明乎商之诗者，临事
而屡断；明乎齐之诗者，见利而让也。临事而屡断，勇也；
见利而让，义也。有勇有义，非歌孰能保此？故歌者，上如
抗，下如队，曲如折，止如槁木，居中矩，句中钩，累累乎
殷如贯珠。故歌之为言也，长言之也。说之，故言之；言之
不足，故长言之；长言之不足，故嗟叹之；嗟叹之不足，故
不知手之舞之足之蹈之。"①

第四节 "和道"机制下的语言结构类型

一、设有 AB 两项相对，则语言结构有 "A 而不 B" 式

A 而不 B，结构两端，方向一致，加以相互拒斥调和结
构，避免走向极端。成语常见者有：

> 和而不同、疏而不漏、乐而不淫、哀而不伤、丽而不奇、
> 廉而不刿、满而不溢、死而不朽、涅而不缁、群而不党、惠
> 而不费……

与 "和" 的理念相应，群经要籍中构成了大量特有的隐
括 "和而不同" 精神的语言结构。关于 "A 而不 B" 型——
字义 A 与 B 两项相合兼容者，则强调程度差等，而纳入相推

---

① 本节最末有 "《子贡问乐》" 标记。《考证》[13]：《礼记义疏》云，
"子贡问乐" 是此一篇之名，古书篇名多在后（按：叙言亦在后），此
其偶存者耳。（[日] 泷川资言：《史记会注考证》，杨海峰整理，上
海：上海古籍出版社，2016 年，第 1408 页）又 "商人志之"，《考证》
[7]：《礼记》"志" 并作 "识"。（[日] 泷川资言：《史记会注考证》，
杨海峰整理，上海：上海古籍出版社，2016 年，第 1407 页。）

以区置的框格。其经典范式为"A 而不 B",此乃群经要籍中恒语。例如:"寝而不寐"(《公羊传·僖公二年》)、"败而不死"(《左传·僖公十五年》)、"臣而不臣"(《左传·僖公十五年》)、"饥而不害"(《左传·僖公二十一年》)、"言而不信"(《谷梁传·僖公二十二年》)、"仁而不武"(《左传·宣公四年》)、"尽而不污"(《左传·成公十四年》)、"陈而不整"(《左传·成公十六年》)、"军而不陈"(《左传·成公十六年》)、"死而不朽"(《左传·襄公二十四年》)、"祷而不祀"(《谷梁传·襄公二十四年》)、"乐而不荒"(《左传·襄公二十七年》)、"勤而不怨"(《左传·襄公二十九年》)、"忧而不困"(《左传·襄公二十九年》)、"思而不惧"(《左传·襄公二十九年》)、"乐而不淫"(《左传·襄公二十九年》)、"直而不倨"(《左传·襄公二十九年》)、"曲而不屈"(《左传·襄公二十九年》)、"迩而不偪"(《左传·襄公二十九年》)、"迁而不淫"(《左传·襄公二十九年》)、"哀而不愁"(《左传·襄公二十九年》)、"用而不匮"(《左传·襄公二十九年》)、"广而不宣"(《左传·襄公二十九年》)、"施而不费"(《左传·襄公二十九年》)、"取而不贪"(《左传·襄公二十九年》)、"处而不底"(《左传·襄公二十九年》)、"行而不流"(《左传·襄公二十九年》)、"从而不失仪"(《春秋经传·昭公五年》附 1)、"敬而不失威"(《春秋经传·昭公五年》附 1)、"明而未融"(《左传·昭公五年》)……余例不烦尽举。

二、设有 AB 两项并列或对立，则语言结构有"不 A 不 B"式

字义 A 与 B 两项相背相推者，则系联纠结，纳入相辅相成格式。俾冰炭相憎，胶膝相爱者，如珠玉辉映、笙盘和谐者，如鸡兔共笼、牛骥同槽者：不倍者交协、相反者互成。其典范格局为"不 A 不 B"式，习见成语有：不亢不卑、不即不离、不塞不流，不止不行、不丰不杀、不义不昵……

经典用例，细分按包孕逻辑关系又兼涵"并列"与"因果"二端，《管锥编》考辨微至：

> 此类句法虽格有定式（《左传·隐公元年》："不义不昵"），而意难一准。或为因果句，如《论语·述而》之"不愤不启，不悱不发"，《墨子·尚贤上》之"不义不富，不义不贵"；后半句之事乃由前半句之事而生，犹云"不愤则不启""不义则不贵"耳。或为两端句，如《礼记·礼器》之"不丰不杀"，《庄子·应帝王》之"不将不逆"；释典中尤成滥调套语，如《圆觉经》之"不即不离"，《心经》之"不生不灭，不垢不净，不增不减"；双提两事而并辟之，犹云"不丰亦不杀""非即非离"耳……倘见"丰"与"杀"、"将"与"迎"等之意皆相反，遂类推谓纳二字训反者于此框格中，斯成两端句，则又非也。韩愈《原道》曰："不塞不流，不止不行"；"塞"为"流"反，"止"与"行"倍，犹"生"之与"灭"也，而其为因果句自若。

《道德指归论》卷一《得一篇》中云："不浮不沉，不行不止……不曲不直，不先不后。"此处"不行不止"为两端

句，而韩愈之"不止不行"为因果句，正据上下文乃至全篇而区以别之。

要之，使同者区辨交协而异者浑然互成，同归于"和"之作用，体现为语言结构形式。①

---

① 《管锥编》第一册论《左传正义》第 3 条《隐公元年》"因果句与两端句"（钱锺书：《管锥编》第一册，《钱锺书集》，北京：生活·读书·新知三联书店，2008 年，第 277—279 页）。同时参见臧克和：《汉字单位观念史考述》，上海：学林出版社，1998 年，第 133—134 页，第四部分"和"字类疏之四"群经疏"。晚清刘鹗《老残游记》（上海：上海古籍出版社，2005 年）第 9 回，书中人物玙姑辩"攻乎异端""执其两端"："长沮、桀溺倒是异端，佛老倒不是异端，何故？"女子道："皆是异端。先生要知'异'字当不同讲，'端'字当起头讲。'执其两端'是说执其两头的意思。若'异端'当邪教讲，岂不'两端'要当椏杈教讲？'执其两端'便是抓住了他个椏杈教呢，成何话说呀？圣人意思，殊途不妨同归，异曲不妨同工。"

小结

汉字"和道"语义的深层结构

"和"在汉语文字发展史上，作为文化思想的基本传承单位，核心意义就是以和谐、协调（方式），达到所谓适中、适宜（状态），发展为实现调和、调适（功能）。"和"发轫于农业文明高度发展阶段，源头上就融汇蓄蕴着勃勃生机。"和"一直就是华夏文化价值体系的关键字，构成了核心价值观"中和""和谐"的重要范畴之一。后世用途最为广泛的，就是"和"的协调功能状态。

以"和道"来看待大千世界人物之际、人人之间，则表明认知水平达到了至高境界：发现一般认知所找不到的各种联系，能见异量之美且合成各种能量，产生非同凡响的交响力。参与"协调以致中和"的量，与认知达到的层级成正比。在认知层级上，"和"的体现，就是最高层级的多元多维联系思维。执持一端，凝固僵化，认知结构永远处于低端水平。

"和"的认知前提，即存在不同。物一不文，味一不调，声一不谐,同一无和。"和"不等于不同元素或不同属性之间的简单凑合,"和"也不等于简单消除界障,泯灭是非,而是更高层级上的生成效应。西方哲人有的阐发"阐释学",特别关注"异"的范畴,即当且仅当存在"差异",才能讨论"阐释"的可能性。东方中土的"和"同样看重"异"而排斥"同",而且个中的"异",也绝非单纯量的叠加,而是要产生远大于若干物理量相加之后的能量。

以"和"来看待天地宇宙物物之间的关联,自然对立存在而依待互补,万物互联而异质同构。"和"得,则结构开放而走向丰富,万物得以化生;"和"失,则结构趋向同质化,走向固化终至消亡。

要之,从"和"字的认知结构关联来看,根本原则就是互相依存的两边:一边为和而不同,一边是和生万物。前者体现着原初的认知机制、深层结构,后者凝结着古代的生命价值、生态观念。"和"作为一种功能机制,形成中国相关文字体系的深层结构,举凡人与自然的和谐关系,以及人类社会饮食、医疗、音乐、诗歌等文化价值体系,无所不在。明乎此,也就真正理解了以"和"为认知机制的华夏文化谱系,乐群向生,虽历尽劫波,而江河不废,生生不息,活力永驻的深层结构即奥秘之所在。"和道"的另外一边,跟中国古典哲学命题遥相呼应,像《易经·系辞下》所宣示的"天地之大德曰生"。基于此,本书将其作为汉字单位观念史的关键字,称之为文字的深层结构——"和道"。

构成中华民族共同体文化的"和"字的认知深层结构,

在于"和道"意识，也即"和道"价值观。走向语义背后的深层结构加以理解，将其视作文化思想观念史资源，会发现其历时悠久，层次丰富，领域广泛，无不攸关。其他各类文化价值体系的核心范畴，鲜见有如此深厚、纯粹、鲜明者。

参考文献

北京图书馆金石组编：《北京图书馆藏中国历代石刻拓本汇编》，郑州：中州古籍出版社，1989—1991 年。

长沙市文物考古研究所等编著：《长沙走马楼三国吴简·嘉禾吏民田家莂》，北京：文物出版社，1999 年。

长沙市文物考古研究所等编著：《长沙走马楼三国吴简·竹简》（一）—（二），北京：文物出版社，2003—2006 年。

（清）陈介祺编：《十钟山房印举》，北京：中国书店，1985 年。

丁福保编：《古钱大辞典》，北京：中华书局，1982 年。

董莲池编著：《新金文编》，北京：作家出版社，2011 年。

甘肃省文物考古研究所等编：《居延新简·甲渠候官》，北京：中华书局，1994 年。

高明编：《古陶文汇编》，北京：中华书局，1990 年。

高峡主编：《西安碑林全集》及附录《陕西碑石菁华》，广州：广东经济出版社；深圳：海天出版社，1999 年。

郭沫若主编、胡厚宣总编辑：《甲骨文合集》，北京：中华书局，1979—1982 年。

侯灿、杨代欣编：《楼兰汉文简纸文书集成》，成都：天地出版社，

1999 年。

湖北省博物馆编：《曾侯乙墓》，北京：文物出版社，1989 年。

湖北省荆沙铁路考古队编：《包山楚简》，北京：文物出版社，1991 年。

湖北省荆州市周梁玉桥遗址博物馆编：《关沮秦汉墓简牍》，北京：中华书局，2001 年。

湖北省文物考古研究所、北京大学中文系编：《望山楚简》，北京：中华书局，1995 年。

湖南省文物考古研究所编著：《里耶秦简》（壹）—（贰），北京：文物出版社，2011—2017 年。

华东师范大学中国文字研究与应用中心："中国文字智能检索网络数据库"，https://wjwx.ecnu.edu.cn/wenzidb/Home/Login.aspx，2000—2023。

黄锡全：《先秦货币研究》，北京：中华书局，2001 年。

［日］菅原石卢编：《中国玺印集粹》，东京：二玄社，1997 年。

荆门市博物馆编：《郭店楚墓竹简》，北京：文物出版社，1998 年。

李东琬主编：《天津市艺术博物馆藏古玺印选》，北京：文物出版社，1998 年。

李零：《长沙子弹库战国楚帛书研究》，北京：中华书局，1985 年。

刘雨、卢岩编：《近出殷周金文集录》（全四册），北京：中华书局，2002 年。

刘钊编：《新甲骨文编》，福州：福建人民出版社，2009 年。

刘钊主编：《马王堆汉墓简帛文字全编》，北京：中华书局，2020 年。

［日］泷川资言：《史记会注考证》（全八册），杨海峥整理，上海：上

海古籍出版社，2016 年。

罗福颐编：《增订汉印文字征》，北京：紫禁城出版社，2010 年。

罗福颐主编：《古玺汇编》，北京：文物出版社，1981 年。

罗福颐主编：《故宫博物院藏古玺印选》，北京：文物出版社，1982 年。

罗福颐主编：《秦汉南北朝官印征存》，北京：文物出版社，1987 年。

罗振玉、王国维编著：《流沙坠简》，北京：中华书局，1993 年。

马承源主编：《商周青铜器铭文选》（一）—（四），北京：文物出版社，1986—1990 年。

马承源主编：《上海博物馆藏战国楚竹书》（一）—（八），上海：上海古籍出版社，2001—2011 年。

彭浩主编：《张家山汉墓竹简》，武汉：湖北美术出版社，2002 年。

钱锺书：《管锥编》（全五册），北京：中华书局，1979—1981 年。

钱锺书：《钱锺书集》，北京：生活·读书·新知三联书店，2008 年。

清华大学出土文献研究与保护中心编，李学勤主编：《清华大学藏战国竹简》（一）—（五），上海：中西书局，2010—2015 年。

山西省文物工作委员会编辑：《侯马盟书》，北京：文物出版社，1976 年。

睡虎地秦墓竹简整理小组编：《睡虎地秦墓竹简》，北京：文物出版社，1990 年。

汪涛、胡平生、吴芳思编：《英国国家图书馆藏斯坦因所获未刊汉文简牍》，上海：上海辞书出版社，2007 年。

王辉、程学华：《秦文字集证》，台北：艺文印书馆股份有限公司，1999 年。

王其祎、周晓薇编著:《隋代墓志铭汇考》,北京:线装书局,2007年。

徐玉立主编:《汉碑全集》,郑州:河南美术出版社,2006年。

臧克和编著:《读字录》(全三册),上海:上海古籍出版社,2020年。

臧克和:《汉字单位观念史考述》(修订版),上海:学林出版社,1998年。

臧克和、刘本才主编:《汉字结构认知大字典》(全四册),广州:广东人民出版社,2020年。

臧克和:《〈尚书〉文字校诂》,上海:上海教育出版社,1999年。

臧克和:《〈说文解字〉的文化说解》,武汉:湖北人民出版社,1994年第一版。

臧克和:《〈说文〉认知分析》,武汉:湖北人民出版社,2019年第二版。

臧克和主编:《中国文字发展史》五册,上海:华东师范大学出版社,2015年。

张颔编纂:《古币文编》,北京:中华书局,1986年。

中国社会科学院考古研究所编:《小屯南地甲骨》,北京:中华书局,1980年。

中国社会科学院考古研究所编:《殷墟花园庄东地甲骨》,昆明:云南人民出版社,2003年。

中国社会科学院考古研究所编:《殷周金文集成》,北京:中华书局,1984—1995年。

中国文物研究所等编:《新中国出土墓志》(河南壹、河南贰、河南叁、千唐志斋壹、陕西壹、陕西贰、陕西叁、重庆、北京壹、河北壹、江苏壹、常熟、上海天津、江苏贰南京),北京:文物出版社,1994—2015年。